回生
憶

reminiscences
of
Anthony
Perry
Wong Chau Sang

口述 ＿＿＿＿ 黃秋生

撰文 ＿＿＿＿ 林蕾

enlighten & fish 亮光文化

劉兆銘

　　秋生先生出自傳，要我三言兩語寫個序。情深未敢推，故極草稿二三篇，但自覺未能達意。無奈才愚只能簡簡二句，還待吾兄修拾修拾：

　　序曲一：大千風雲戲亂世，春風秋雨演三生

　　序曲二：戲道縱橫人未老，序如縮影醉秋生

銘牛耕敬

序曲一、大千風之戲亂世、
春風秋雨演三生。

序曲二、戲道縱橫人未老、
序如繪畫醉秋生。

區鉻牛素林敬。

何老師

常言道：要在生命中成功，先決條件是我們要「贏在起跑線」！其實，人生不是百米短跑，而是一場與自己賽跑的馬拉松。興趣的培養，才是人生中永不枯竭的動力！所以成功的人不一定是贏在起步點，人生不會一蹴而就，在每一個過程中，都要付出巨大的努力，永不言棄的信念和堅持不懈的意志！深信生活永遠不會辜負一個勤奮努力的人！

試看影帝黃秋生就是最好的例子！

與學生秋生結緣，應追溯至四十九年前（1974 年），本人曾於《讀者文摘》閱覽到一則命名為「頑石也點頭」的篇章，激發起師範畢業的我，半生獻身在特殊教育工作上。當年投入一所扶幼會屬下的教導問題兒童學校教書！

適逢當年出身自單身家庭的混血兒黃秋生，童年時因情緒及行為問題入讀該校。秋生能有今天的成就，除了天賦的才能，其掌握角色的熟練技巧、具深度而成熟的演繹、多變又豐

富的情感表達，以及作為表演者的魅力及專業素質，經一番淬鍊成就今日的他。當然，他背後所花的努力和汗水，才是藝術價值所在！

現今的他，除了多次榮獲影帝之譽，更是享譽國際的藝人！

如果說人生是一本小說，那麼以下作者的「自傳」肯定是一本感人而精彩的小說。各位，試用心去觸摸作者鮮活且帶著血和淚的文字！

最後，寄語我疼愛的學生秋生：「記住你的價值，因為金子總會永存光芒！」

陳安琪

　　1984年，難忘的一年。邵氏電影《花街時代》，需要尋找一名混血兒當男主角。試鏡的細節我早已忘記，只隱約記得一個略為羞澀的男孩，面貌俊朗，隱藏著稍微叛逆的氣質。作為導演的我，認定他就是那一位尋找拋棄他的外國父親——一個充滿憤怒、不妥協、不被世俗接受的「雜種」的角色。這與秋生本身的際遇十分相似。他沒拍過電影，在亞洲電視有個演員職位。當時邵氏不想選用他，因為他沒有名氣；而我也是個沒名氣的導演，但我的堅持讓我排除萬難起用了他。《花街時代》已經很難透過網上尋找，但秋生、夏文汐、葉德嫻令這套電影生色，充滿魔力。

　　在拍攝的過程中，秋生非常專業，我們都喜歡他。慶功宴時大家都放縱地慶祝，他就輕輕對我說，當時因為攝影師是英國人，美術服裝及我本人都是從外國回流，所以滿場都是英文，令他感到很新鮮。他初登銀幕後自覺演技未達水準，約滿

離開亞洲電視，便入讀香港演藝學院的戲劇學院。其後他的成就，有目共睹。

　　四十年後在烏甸尼 (Udine) 及溫哥華跟他重逢，我總覺得和他的關係依然停留在四十年前的溫馨及單純，雖然他已經是多屆的影帝。我們依然彼此尊重，十分珍惜大家的友誼。我為當年的眼光深感自豪。認識他真好，期待他未來的創作及作品。

邱禮濤

　　這個年代，還有人想著出書嗎？有，肯定有，起碼我知道一個。

　　「Buddy，我出自傳，你可以幫我寫個序嗎？」收到這個 WhatsApp message 時，心裏沒思索這是一個請求還是一個邀請，只想著：「阿 Buddy，你知我最近忙到連去廁所都沒時間嗎？」但手指卻在鍵盤上打著：「不寫不行啦 😂😂」凡事總有原因，這次「不寫不行啦」的原因，是因為那個要出書的人叫黃秋生。對，就是那個秋天出世，後來跑去演戲，時而惡形惡相、偶爾溫文儒雅的黃秋生。那麼，為甚麼因為是黃秋生就不能拒絕呢？那就不能不細說一下從前。

　　不知不覺，原來已是四十年，於歷史洪流裏只是一瞬，卻是當代眾生平均存活的半生或大半生。1983 年的夏天，我們都年輕，帶著不懂長路漫漫的輕鬆去為了理想而理想。第一次見秋生是在當年位於廣播道的亞洲電視錄影廠，當時的我是暑

期實習 PA（Production Assistant），拍攝的劇集叫《誓不低頭續集》，聽說是拍好了的 footage 意外地「洗了」，而劇集又已經上檔，逢星期一至五每晚播一集，所以要火速重拍。某日深夜時份，拍完外景回來拍廠景的黃秋生走進錄影，他面無血色如走肉行屍，因為不眠不休的趕拍，已經很多個小時沒休息，排戲的時候，見到他站著也能入睡，真的很可憐。

　　實習完畢，我返回學校繼續課程，冬天時找了秋生來演一部短片。雖然彼此年齡相若，但那時候已經出來社會工作的秋生，眼見我們攝製隊都是還未懂謀生的學生，開工的時候都會買來一些外賣給我們一群同學吃。短片的片名叫《惘》，故事講述一個舞台劇導演偶然在公園裏看見一個深深吸引著他的女子在寫生，兩人沒有交談過，稱不上相識。後來舞台劇導演以為女子死去了，便自殺而終。自殺那場戲就在我家房間拍，那天秋生買來了很好吃的白斬雞。打燈的時候，秋生看著我書架上的書輕輕說了一句：「真是羨慕你們這些讀書人。」我

說：「你都可以。」之後，1985 年，秋生入讀香港演藝學院，1988 年以傑出學員身分畢業。

1993 年，我們合作了電影《八仙飯店之人肉叉燒包》，這電影讓秋生當上香港電影金像獎的影帝，上台領獎時，他表現冷靜，說話不徐不疾。當晚，我沒到會場，頒獎禮結束後，他 call 我出來，我們去了尖沙咀赫德道的 Grammy's Lounge。秋生把獎座直立桌上，我們把酒言歡，也是慶祝吧，直至 lounge 裏曲終人散，我們都沒醉。

時至今日，秋生獲得的演藝獎項甚多，被公認為演技一流和獨具特色的演員，連不喜歡他的人也幾乎沒有異議。秋生尊重知識，對學問充滿熱忱，也許這就是他能成為一個與別不同的演員的原因，因為表演技藝之餘，對世界和對人的認知，本來就是投入角色和豐富內涵的根本和養分。

演戲以外，秋生對很多事物都滿有好奇和興趣，例如琴棋書畫、刀槍劍擊；所以他也唱歌、彈吉他、吹口琴、寫書法、習武、烹飪、玩魔術等等。相識多年，當然並沒白費，收穫如下：我吃過他煮的飯、看過他的魔術、在電影中拍過他的武打動作、收過他送的書法，也聽過他的歌。當年還有寫音樂專欄的時候，曾選過他的《支離疏》為年度最佳唱片，當中的《我是一把火》，已成為我的 all-time favourite。

多年來，我們見證了文化的碰撞、時代對人心和人生的衝擊，以前只是在小說或電影裏看到的人和事，今天我們這幾代人也切身地演繹和經歷了一些。走過高低起跌，秋生始終保持自己的價值觀和原則，始終保持著自己的真實面貌。想起從前，秋生興起時常會朗誦舞台劇《西哈諾風流劍客》（後來多譯作《大鼻子情聖》）的台詞，例如：「親愛的，假如你有一點文學修養和一點機智，你大致可以把這些話對我說一說。但是，說到機智，你這最大的可憐蟲絕無一丁點兒。至於文學修養，你只認識兩個字：蠢——材！」能夠把這琅琅的背誦出來

的人，你可想像他有多喜愛這台詞，也可想像他如何不能接受自己愚蠢，甚或無知；這也許就是求知慾的由來。《西哈諾風流劍客》是 1987 年秋生還在演藝學院時演過的舞台劇，他演的正是主人公西哈諾。有時我會相信，歲月裏一個特定時間我們做過的某些事，即使當時看似平常，卻會一直沉澱在我們一生裏。《風流劍客》差不多劇終時，西哈諾說：「人不是有勝利的希望才作戰的，不！不！知其不可為而為之，這才更漂亮！……這一大堆是甚麼人呀？……啊！我認出來了，都是我的宿敵！『謊言』、『妥協』、『偏見』、『懦弱』！……要我讓步嗎？不！絕不！……啊！你也在這裏，『愚蠢』！我知道你們最後一定會把我打倒，我不在乎：我還是打！還是打！還是打！是的，你們搶走我的一切，桂冠和玫瑰！儘管搶吧！……但有一樣東西，你們只好任憑我今晚帶進天堂，那就是我帽子上的羽毛（勇氣）！」

2004 年，演藝學院給秋生頒發榮譽院士榮銜，場刊上寫著：「〔黃秋生〕重返母校接受榮譽院士榮銜，實在是香港演藝學院的光榮。」其實，我也感到非常榮幸，能夠與秋生識於微時而沒有別於成年。（哈！起雞皮吧！）

　　人生最容易後悔的事情之一便是出自傳，無論改一個怎樣的名稱，是回憶錄，回顧，回望，回首，回盼。自傳，小傳，外傳，人物傳。反正都是火星的事情，一向與我無關。

　　傳記這種東西不是誰都可以擁有的，起碼我是這樣認為。就像貴族身分，不是富有便可購買得來。坊間有不少自傳，看在眼中竟浮現出「自吹自擂」四個大字。有資格出傳記的人物，我認為要具備幾個條件：一，對人類有貢獻者；二，時代的風雲人物，對時代有影響者；三，在某團體、行業或專業中舉足輕重者；四，聖人或殉道者。以上各項條件我連邊也沾不上。

　　那麼為何竟敢如此厚顏，來個老黃賣瓜？時也，命也，眾緣和合也。

　　從小就有吹牛說故事的壞習慣。在學校時，友人聚會時，拍戲等就位時，總是喜歡給人講笑話，說故事，尤其喜愛講述自己的經歷，講得七情上面，天花亂墜，像從前榕樹頭的講故

佬（說書人）。時日久了，不斷有朋友、同學、同業、後輩問我為何不出自傳？我的答案是：吹牛也可寫自傳？

直至去年，因為舞台劇的宣傳，接受了林蕾的訪問，閱後甚為仰慕她的文筆。又因今年適逢「神戲劇場」十周年，合作夥伴不斷催促要有些名堂，搞點花樣，因此急病亂求醫，在短短兩個月內，邀得林女士助拳，催生了這本《秋生回憶》。

各位千萬別當真，我只是個吹水吹得天花亂墜的小演員而已。而且現在已經後悔，以後若真的有所成就，自當老驥伏櫪，再多後悔一次，多吹幾本可靠的自傳。這次就先以這本頂著先！

黃秋生
2023 年 6 月

Chapter 1

我的爸爸媽媽

Chapter 2

成長之路

電視台的黑暗歲月

Chapter 4

電影的風光與血淚

Chapter 5

神戲十年

Chapter 6

尋親記

Chapter 7
我的家

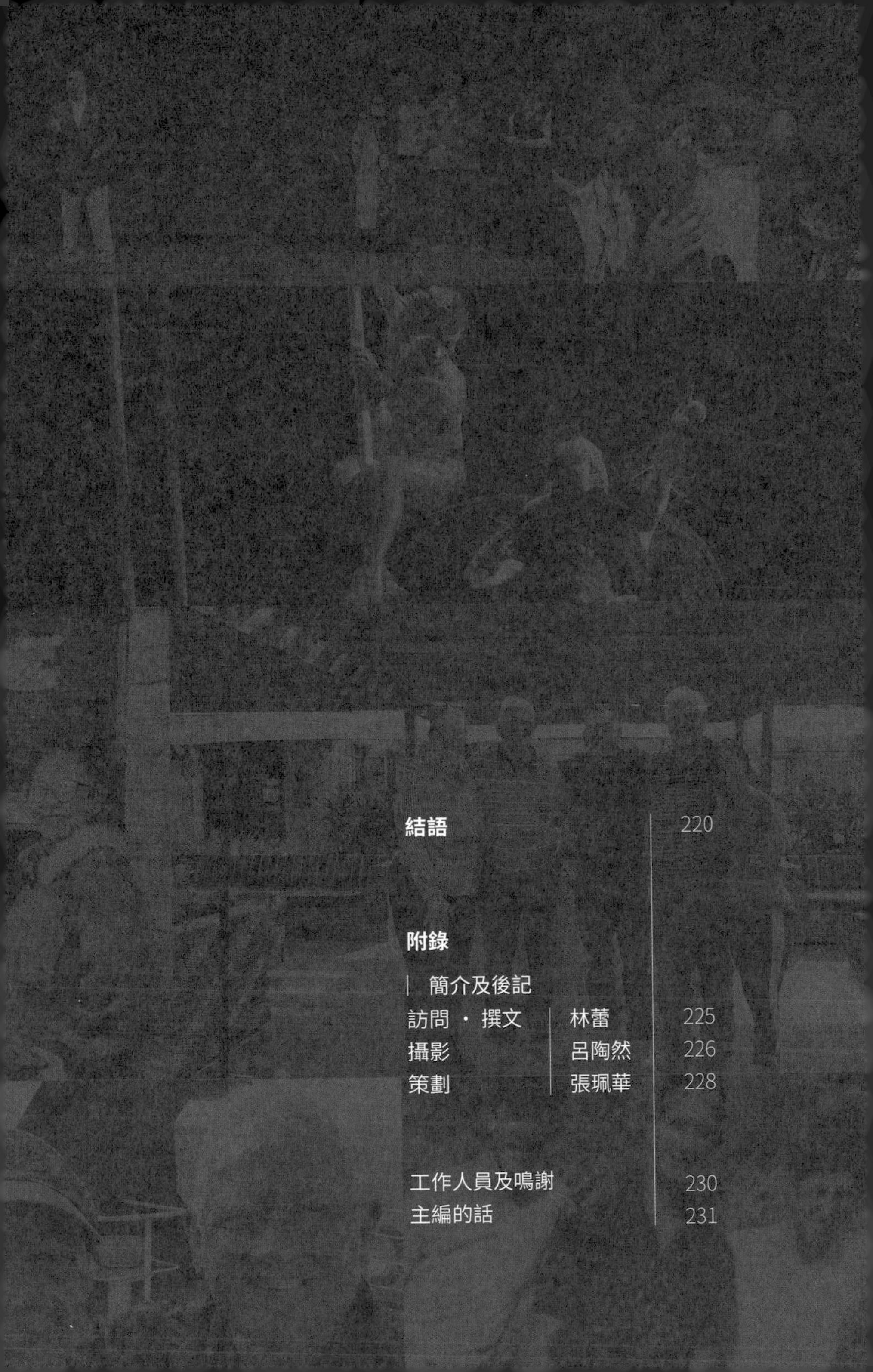

我的爸爸媽媽

黃秋生是中英混血兒，1961 年出生，父親 Frederick William
Perry 曾效力英國皇家空軍，1955 年來到香港擔任政府官員。
母親黃尊儀為廣東新會人，年幼時曾拜師學習戲曲，後在酒樓
獻唱。

父親本身已有家庭，1966 年與太太離開香港移居澳洲，遺下
四歲的黃秋生與母親相依為命。為口奔馳，母親當上了女傭，
含辛茹苦地養大兒子，兒子也一直待母至孝。

「懷念父親因他遠去，無須念慈因她常在我心。」黃秋生曾寫
道。

威廉荷頓遇上蘇絲黃

媽媽說，他們拍拖的時候不時漫步沙灘，媽媽愛把高跟鞋脫掉，爸爸就一手把她抱起……我覺得爸爸幻想自己是威廉荷頓（1960 年電影《蘇絲黃的世界》男主角），媽媽是蘇絲黃，兩人在這個東方小島，發展了一段美麗的異國情緣……

| 爸爸當兵時攝

爸爸在我生命裏出現的日子雖然很短暫，但默默地影響著我的一生；關於他的事蹟，是後來聽家姐和兩個哥哥說的。

1940 年第二次世界大戰早期，有一場名為 Battle of Britain 的戰役，當時情報技術沒有現今發達，英軍需要一些地面先頭部隊滲入德軍位於法國的陣營，然後打燈給英軍，英軍看見燈號，便派飛機來轟炸。先頭部隊要不動聲色地滲入敵軍陣營已是困難重重，打完燈後還要想辦法儘快逃生，一旦被敵方發現逮著，自然是死路一條；走慢一點，亦有機會被自己人炸死。橫看豎看，都是九死一生的艱鉅任務。

爸爸一直在英國倫敦生活，十二歲便出來社會做事幫補家計。當時二十來歲的他不知哪來的勇氣，竟然自動請纓成為先頭部隊，那時他女兒（即是我後來相認的家姐）才出生不久，儘管他太太極力反對，還是阻止不了丈夫的滿腔熱誠。Battle of Britain 打了幾個月，他最後平安回家，大家都覺得是上天保佑。爸爸是勇敢還是愚笨？我真的不敢說，只知道自己長大後也做了很多分不清是勇敢還是愚笨的事。

不久之後我的兩位孿生哥哥出生了，戰後人浮於事，當時英國政府招募人員往殖民地工作，爸爸提出申請，一家人輾轉來到香港定居。他擔任物料供應署主任，住在跑馬地政府宿舍。他常與其他政府官員和商界中人應酬，就在某夜飯局，經楊姓好友介紹下，認識了我媽媽。

| 媽媽的歌聲，迷倒不少樂迷。

媽媽年輕時候長得白皙清秀，美人胚子像電影明星，她也真的投考過演員，只是導演嫌她太瘦，沒有取錄。她年幼時拜粵劇名伶陳非儂為師，十來歲開始在中上環一帶的酒樓獻唱，藝名黃韻玲，吸引不少知音人慕名而來。據說，曾有戲迷送上大型花牌，有鎢絲燈泡圍著那種，上面寫著「撲朔迷離」，應該是那個五十年代一種含蓄的讚美吧！

| 媽媽年輕時靚相

媽媽擅唱子喉（粵劇中花旦唱的「假嗓」），聲線嬌美，但因為聲帶長期勞損，長出了瘜肉，不時要做手術切除，後來就不能再唱了。她去新法書院報讀夜校，改了個英文名 May（後來又叫 Margaret），英文開始琅琅上口之際，就認識了爸爸。

媽媽的身體一向不好，那時還感染了肺癆。爸爸去探望她，只見她住在一個簡陋狹窄的板間房，房內環境惡劣，連窗都沒有，可憐兮兮的。爸爸覺得若然再在這樣沒有新鮮空氣的環境下生活，肯定性命不保，便出錢為媽媽租了個環境較佳的地方居住。二人由憐生愛，恩情產生了感情，開始交往起來。

媽媽說，他們拍拖的時候不時漫步沙灘，媽媽愛把高跟鞋脫掉，爸爸就一手把她抱起，浪漫得像電影情節！我覺得爸爸幻想自己是威廉荷頓（1960 年電影《蘇絲黃的世界》男主角），媽媽是蘇絲黃，兩人在這個東方小島，發展了一段美麗的異國情緣……可能爸爸才是一個演員！

媽媽當然知道爸爸已有家庭，但當時真的很愛他，也沒有想太多。醫生告訴她卵巢已積滿了肺癆菌，不可能懷孕了，她便沒有避孕。當發覺有了我的時候，已經懷孕五個月，不能終止了。於是，這世界便有了我，一個本來不應存在的人。

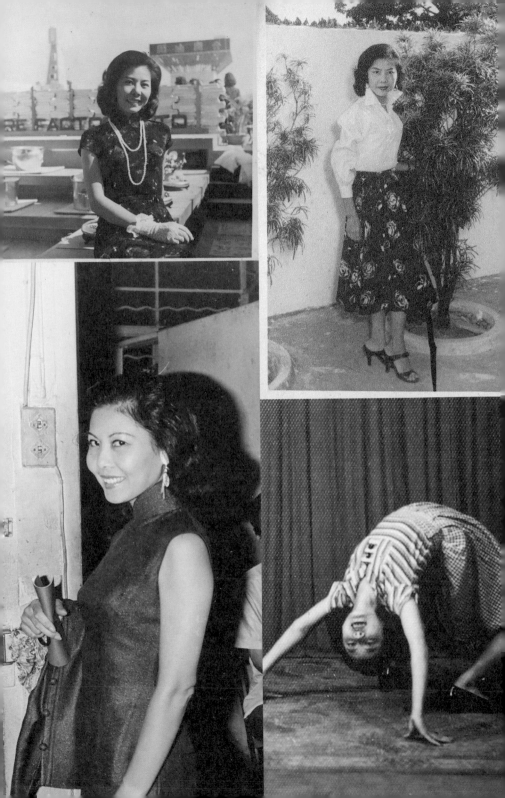

02

在我大約三、四歲的時候，家裏不時出現一頭白色的小狗，這小狗很可愛，我很喜歡和牠玩，常追著牠的尾巴咬。牠有時天天來，有時隔幾天才來，不久之後就沒有再來了。我們沒有養狗，這小狗到底是誰的呢？半個世紀之後，我終於有了答案。

誰的小狗？

| 嬰兒時期的黃秋生

我這個人雖然本來不應該存在，但出世時還是得到萬千寵愛的。我們住在北角明園西街，電車總站對面。我有個外號，叫「北角紳士」。

「北角紳士」絕非浪得虛名。媽媽很捨得花錢在我身上，穿的衣服與鞋子都是最漂亮時髦的款式，毛衣是羊絨，來自連卡佛[1]。媽媽說我常常要人抱，不會落地自己走。街坊都覺得我的混血兒樣貌很可愛，每逢媽媽帶我經過樓下皇上皇食店，老闆總會逗我說話，還請我吃冰淇淋。

| 小時候的黃秋生常要工人手抱

爸爸不想媽媽辛苦，請了傭人照顧我。傭人每天把新鮮魚肉蒸熟，再把骨頭挑走，加點菜，然後混在稀飯裏餵我吃。我愛倚在窗邊看風景，手裏拿著一張紙，一點一點的撕下拋出窗外，紙碎隨風飄著，當見到紙碎著地，我就歡天喜地吃一口飯⋯⋯

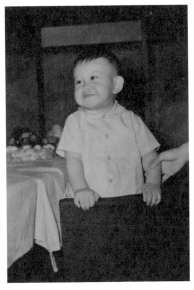

| 「北角紳士」樣子趣致

1 連卡佛是一間港資的英式百貨公司，以售賣歐洲時裝精品著稱。

| 在明園西街天台踏單車 | 與外婆在天台 |

　　關於「北角紳士」的生活，我只有這些零零碎碎的片段。對爸爸的印象，也只得一些模糊的畫面。

　　爸爸個子很高，微鬈頭髮是深棕色的。他不是時常出現，但每次出現總會抱著我親了又親，有次他長了滿面鬍子回來，把我的小臉刺得癢癢的。

　　他有輛私家車，每當他坐在司機位的時候，就讓我坐在他腿上，我抓著方向盤，假裝在開車。我記得那輛車的尾燈形狀很特別，好像蝙蝠車般會飛出來似的。

　　我很喜歡親近爸爸，但同時也有點怕他，因為他的脾氣很大。有次他公幹回來住在文華酒店，叫了一客乾炒牛河，送來的時候已經冷了，他便叫侍應更換。再次送來的時候也是冷的，他一聲不響把整碟牛河扔到地上，破碎的碟子與食物散滿一地，侍應嚇得立刻跪下道歉：「Sorry Sir, Sorry Sir!」爸爸沒有理會，把他罵了一頓。

我當然也被嚇倒，而且十分害怕。本來在酒店看見一把非常美麗的金色梳子，我很想要，媽媽叫我問爸爸，但那時已嚇得不敢再惹爸爸了。

還有一次，家中的貓兒發情，不停在地上翻滾扭動，發出怪叫聲，我想去安撫牠，爸爸把我拉住不讓我去，我不理，摔開爸爸的手衝了過去。爸爸生氣了，打了我一記耳光，我頓時嚎啕大哭起來，把自己關在房裏。不久之後爸爸進來坐在我身邊，溫柔地摸著我的頭，我當時很氣他，一手拿起身旁的玩具槍，用力擲向他，爸爸及時拿起靠墊擋著。他之後跟媽媽說：「這孩子，脾氣像我，希望長大後也有我的辦事能力……」

到底那時我是怎樣和爸爸溝通的呢？我會不會說英語呢？一直記不起來。媽媽說爸爸懂的中文有限，常常分不清廣東話裏的「梳仔」和「傻仔」，「衣架」和「而家」（粵語：現在）。我想，小孩子可能未必懂得善用語言，但父母在說甚麼，他是明白的。

反而有一件事，一直不太明白。在我大約三、四歲的時候，家裏不時出現一頭白色的小狗，這小狗很可愛，我很喜歡和牠玩，常追著牠的尾巴咬。牠有時天天來，有時隔幾天才來，不久之後就沒有再來了。我們沒有養狗，這小狗到底是誰的呢？

半個世紀之後，我終於有了答案。2018 年，我跟同父異母的家姐在澳洲相認了，她告訴我，她媽媽當年一直懷疑丈夫（即是我爸爸）有外遇，因為他每次遛狗一遛就是三個小時，但爸爸一直矢口否認，因此拿他沒辦法。出現在我家那頭小狗，原來就是他的「合作夥伴」！看來這個曾當軍人的爸爸，還真是有勇有謀。

03

「當你吃完巧克力之後，爸爸就會回來。」媽媽如是說。

我拚命地吃巧克力，每天總要吃一塊，有時甚至嚷著要吃兩塊。媽媽不想我吃太多，把巧克力收起放在櫃裏最高處，一個我觸不到的地方。別以為我會放棄，拿張椅子，站上去後腳尖一踮，就能拿到。我偷偷地吃巧克力，很快便吃完了。

爸爸沒有回來，我的小小願望永遠沒有實現。

兩歲生日，父母為他開生日會慶祝。

　　爸爸每次回來我都十分雀躍，可惜他不是經常出現，而我與爸爸的緣分，只有短短的四年。最後見到他那日，他如常地帶來了小狗，也額外帶來了玩具熊和巧克力。

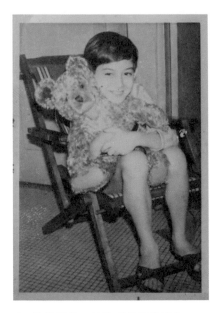

| 爸爸送的玩具熊是黃秋生童年至愛的玩具

當然，四歲的我不知道他是跟我道別。只見那隻猶如我上半身大小的玩具熊非常漂亮，咖啡色的毛極為柔軟，圓圓的眼珠十分可愛。我把玩具熊搖搖，還會發出「嗚嗚」聲，就像一頭小熊的叫聲，我從未有過這樣有趣的玩意，擁在懷裏愛不釋手。那些帶有花生和威化餅的巧克力棒，是很名貴的糖果，好吃到不得了，爸爸買了一打回來，我樂了一個晚上。

「當你吃完巧克力之後，爸爸就會回來。」媽媽如是說。

我拚命地吃巧克力，每天總要吃一塊，有時甚至嚷著要吃兩塊。媽媽不想我吃太多，把巧克力收起放在櫃裏最高處，一個我觸不到的地方。別以為我會放棄，拿張椅子，站上去後腳尖一踮，就能拿到。我偷偷地吃巧克力，很快便吃完了。

爸爸沒有回來，我的小小願望永遠沒有實現。

爸爸走的時候，不是去如黃鶴，他是想過要回來的。那時家姐嫁到澳洲不久，他很疼惜家姐，可能工作合約也完了，於是帶著太太前往澳洲。我兩個哥哥那時在當兵，之後也去了澳洲。

爸爸在墨爾本市中心買了房子，當上了輪胎銷售員，據說是公司裏的第二把交椅。他有寫信回來，仍然是 My Love

My Love 的叫我媽媽，説會幫我搞定一切。他提到上司將快退休，打算在對方退休後接替他的位置，便可以嘗試調回香港，叫我們要懷有希望。可是後來發現他太太患了癌症，為了照顧太太，無法回來。

其實設身處地想想，他走了之後仍記掛著我們，仍有這樣的希望，還想怎樣？難道無端端跟患病的老婆説要回香港？

爸爸把工作地方的電話給了媽媽，他們偶有聯絡。在我12 歲那年，因為小腸氣要做手術，媽媽打電話告訴爸爸我在醫院，他知道我的病情並不嚴重，就說為了幫太太醫病已花光了積蓄，不能幫助我們。過了一段日子，媽媽再打電話給爸爸，或許店舖已結業，或許電話號碼改了，已接不上了。自此之後我們便失去聯絡，再沒有爸爸的音訊。

媽媽當然很生氣爸爸，好幾張有爸爸頭像的合照都被撕走。至於我，有段時間很掛念爸爸，每晚擁著玩具熊睡覺，幻

想他有朝一日回來。後來搬了與外婆同住，我的房間在廚房裏的一個小閣樓，那裏狹窄潮濕，在我十來歲的時候，玩具熊不再響了，我小心翼翼地把它剪開，嘗試修理。可是毫無頭緒，便把它擱在一旁。後來經常不回去睡，外婆一聲不響把我的東西全丟掉，玩具熊也不例外。

當我發現時已經太遲，爸爸最後送給我的禮物沒有了，彷彿他真的要從我生命中消失。心中當然十分之不捨，但也沒辦法。漸漸，對爸爸的思念開始淡忘，後來因為混血兒樣貌經常被欺凌，也好氣爸爸。

被外婆丟了的玩具熊一直縈繞心頭，後來才知道，它原來是限量版，全球只有一千隻！想不到幾十年之後它竟巧妙地以另一種方式重回懷抱；而我和爸爸的緣分，又神奇地以另一種方式延續。

| 搬了與外婆同住後，房間在廚房裏的一個小閣樓。

04

原來我的命格是「異姓延生」和「刑剋男親」，意思是要跟別人姓才可延續生命，否則可能養不大一早死了！

異姓延生

Anthony Perry，本是我應該有的名字。Anthony 是爸爸改的，媽媽改了「秋生」，但我從來沒有姓過 Perry。

我出生時因為不是婚生孩子，出世紙上沒有父親的名字。其實沒有父親的名字並不緊要，大可跟媽媽姓黃；但那時候媽媽不知哪來的鬼主意，竟想到把我過契給她一個姓余的朋友，好讓我出世紙上父親一欄有個名字，入學登記也方便點云云。

這位余先生名為余啟慶，是媽媽的筆友。他是一名加拿大華僑，在當地從事錄音帶銷售。六十年代電視錄影帶還未流行，但電台廣播劇十分流行，媽媽把香港的廣播節目錄起寄給余先生，他再翻錄賣給當地華人。

媽媽跟余先生到底是怎樣認識、如何成為筆友，真的不知道。媽媽年輕時不乏追求者，當中很多文人雅士，我們家裏收藏了不少書籍，都是一些當代作家親筆提字送贈媽媽的。那年代男女交往很含蓄，都喜歡以筆會友，估計余先生可能是媽媽的追求者之一吧！聽說他未婚，媽媽讓我過契給他，他一口答應。

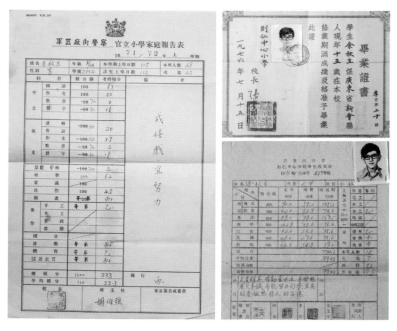

小學時期的黃秋生，叫「余秋生」。

　　我從來沒見過余先生，只見過他的照片，帶個眼鏡瘦瘦的，像個會計師。我與他的唯一「交流」，就是當年我有參與幫忙錄廣播節目。記得每次錄音時全家都要肅靜，不能有雜聲，每逢廣告時段媽媽會按暫停，然後去洗碗或做家務，我便負責聽，當廣播劇音樂再響起，便在音樂差不多播完的時候按掣再錄。因為余先生的關係我聽了很多廣播劇，李我[2]一個人分飾多個角色，我覺得十分有趣！

2　李我（1922 年 2 月 16 日—2021 年 5 月 5 日），香港著名播音員，先後任職廣州風行電台、香港麗的呼聲、澳門綠邨電台及香港商業電台。1946 年始創單人聲演劇《文藝小說》，到香港麗的呼聲後改稱為《天空小說》，深受聽眾歡迎。

無論如何，過契給余先生這件事非常戇居（粵語，即愚笨）！我既非他的兒子，但出世紙無端端多了「余啟慶」這個名字，我也「順理成章」成為「余秋生」。

　　雖然有了父姓，但並沒有為我帶來甚麼方便，反而製造了更多疑團，例如經常被人問：「你長個老外樣，為什麼姓余？」、「為什麼從來未見過你老竇（粵語，即父親）？」等等，善意的與惡意的都有，善意的還好，遇上惡意挑釁，基本上都是打架收場。小學成績表和小學畢業證書都是寫著「余秋生」，每次老師喊我的名字，總是渾身不自在。

　　我越大越不喜歡姓余，小學畢業之後，下定決心要改回姓黃，媽媽也沒有反對，這才去宣誓證明余啟慶不是我爸爸，再把他的名字從出世紙中刪除。由中一開始我終於叫「黃秋生」，抑壓在心頭多年的一口悶氣吐出了，感到無比的舒暢，好像找回了自己的人生！

　　也許，天地萬物皆有它發生的原因。多年之後學會了紫微斗數，當然要幫自己算一算。原來我的命格是「異姓延生」和「刑剋男親」，意思是要跟別人姓才可延續生命，否則可能養不大一早死了，也難怪家裏親戚都是女人居多！

　　知道自己命格之後又了解自己多一點，看來我真是命不該絕，媽媽當年不知哪來的鬼主意，竟然誤打誤撞救了我的小命。

　　現在時不時有人在 facebook 叫我「余秋生」，就知他是我的小學同學。最近真的遇到一個同學，叫黃金成，小學時跟他是好友。他記得畢業那天我們在學校鐵絲網下聊天，我跟他說：「我一定不會姓余，一定會改回姓黃，你記住呀！」

　　這事我早就忘了，反而他記得，看來姓余真是小學時期最困擾我的事。

姓名：黃秋生

班別：中二乙　編號：43

香港嶺南中學
中文部

一九七六年至七七年　・　學生成績報告表

科目	上學期 中期考試	上學期 學期考試	上學期 學期成績	下學期 中期考試	下學期 學期考試	下學期 學期成績	學年成績
中國語文	28	18	22	36	45	41	32
中國文學							
General English	61	55	58	64	28	43	51
Reading	52	36	42	40	5	19	31
Dictation	56	40	46	20	20	20	33
Composition	59	10	30	38	3	17	24
Translation							
高級數學							
普通數學	52	35	42	33	0	13	28
生物							
化學							
物理							
普通自然科	34	19	25	47	26	41	32
歷史	26	3	12	0	0		
中國歷史	42	17	27	25	0		
地理	60	56	57	11	0		
聖經	62	66	64	52	0		
經濟與公共事務	51	27	36	30	0	12	24
勞作	70	50	60	30	30	30	45
美術	60	68	64	67	60	64	64
音樂			30			10	25
體育			62			67	64
操行 勤學	D		D-	D-		D-	D-
操行 守規	D		D-	D-		D-	D-
操行 禮貌	D+		D-	D-		D-	D-
操行 服務	C-		D-	D-		D-	D-
操行 儀容	B-		C	D		D-	D-
缺課天數或節數			4	21		24	

評語

中期：

下學期評語：小過一次 性情剛愎 無心向學　升級

學期：小過二次 缺乏二次 曠課太多 無心向學　留級

嶺南中學成績表，終於改回黃秋生。

班主任簽蓋：黃富錦印　黃富錦印　黃富錦印　黃富錦印

媽媽哭了，不僅因為白做了一個星期，還有這些毫無尊嚴的待遇，連乞丐也不如，簡直當人是狗！那一刻我沒有哭，一陣憤怒湧上心頭，跟媽媽說：「別哭，我們走！」

媽媽的淚痣

媽媽右眼下有一顆痣，一般人喚作淚痣，她也真的特別易哭。可能是小時候學唱戲的關係，她很喜歡詩詞歌賦，人也多愁善感，像林黛玉。

媽媽的前半生一直不太快樂，爸爸在香港那幾年的確是過了一段好日子，但很短暫；之後的日子都過得很苦，經常被欺負、欺騙。她不僅愛哭，甚至是一名自殺專家，老是尋死。

我說過我本是不應該存在的人，媽媽懷著我的時候，已尋死過一次。那年代流行「供會」³，媽媽與一名肥婆稔熟，跟她供了四份，豈料肥婆跑路，媽媽畢生積蓄泡湯，加上未婚懷孕，一時看不開便跑上天台企圖跳樓。幸好外婆把她拉住，勸她說：「多個人多雙筷而已！」她和我才活下來。

---

3 供會又稱標會，是一種民間自發的信用融資行為，具有籌措資金和賺取利息功能，一般由發起人邀請若干親友參加。參與者定期繳納會費，每期籌集的會款按約定規則歸某位會員所有。由於缺乏具體法律約束，操作的隨意性大，帶來了一系列不良社會後果。

我出世後不久，有次她把洗衣粉當奶粉餵我，我喝後口吐白泡，她大驚，立刻把我送往醫院洗胃。她說因為用了奶粉罐來放洗衣粉，不小心搞錯了。其實洗衣粉和奶粉一看便知不同，沖調出來的東西也明顯有分別，怎會這麼容易搞錯？她既然這樣說，我便這樣聽好了，沒必要去深究。

　　從小到大經常看到媽媽哭，而她也真的有哭的理由。她一個人要養我外婆、舅父和我，還有我的學費，生活壓力足以令她經常愁眉苦臉。有次她送我回寄宿學校，學校在歌和老街，途中她專程帶我去廟街附近的一家旋轉餐廳吃西餐，我歡天喜地，豈料媽媽樣子很不開心，看起來比流淚更難受。

　　「媽咪明天要入醫院做手術，做完之後可能以後再不能和你說話了……」她說。

　　她年輕時唱戲傷了聲帶，不時要做手術切除瘜肉。那年代的醫療技術沒有現在好，手術的風險，是有機會變成啞巴。第二天去看她，她一時間未能說話，我以為她真的啞了！我好怕好怕，幸好手術成功，媽媽一向偏高音的聲線只是低沉了少許。

　　媽媽後來當了女傭，經常被欺負。有次去到一個南越領事的家打工，領事夫人十分刻薄傭人，每天要傭人朝早六時起床工作，做到凌晨三時才准休息，期間只准站立不准坐下。才一星期，媽媽雙腿出現水腫，她身體一向不好，不可能再做下去了，於是我陪她回去取回自己的物品。我們去到壽山村一棟三、四層樓高住宅的其中一個單位，我們只可以從後樓梯進入，按了門鈴道明來意，只見屋內有人從防盜眼瞄了一眼，但沒有人理睬。我們坐在後樓梯呆等了幾個小時，終於有人開門，那人粗野地把媽媽的兩件行李從門隙中扔出來，跟著砰一聲的關上門；那一個星期的工資，他們拒絕支付。

媽媽哭了，不僅因為白做了一個星期，還有這些毫無尊嚴的待遇，連乞丐也不如，簡直當人是狗！那一刻我沒有哭，一陣憤怒湧上心頭，跟媽媽說：「別哭，我們走！」

　　每當看見媽媽被欺負，便十分憤怒，但當時年紀小，沒有經濟能力，甚麼也做不來，只有滿肚子的憤怒和無奈。那時已跟自己說，將來一定要讓媽媽過好日子！後來開始拍電影，環境好了，叫媽媽不要再做女傭，在家收拾一下便算了，何必要出去賺那少少錢？她有時也會做一些兼職工作，那個年代的人覺得只要仍有能力做事，總想賺多點錢。

　　有天放工回家，她把自己關在房內，用被蓋著頭，在被裏顫抖，我嘗試拉開被子看看發生甚麼事，她跟我鬥力不讓我拉開，原來她怕我看到她在偷泣。

　　「我做得好好的，為甚麼臨近新年才把我辭掉？」媽媽擦著眼淚說。

　　又是一名無良僱主，新年前夕辭退員工，可省掉年終獎金。這次，我一點也不憤怒，反而有點如釋重負。

　　「那實在太好了，一天光晒啦！（粵語，即「問題全解決了」）」我笑著說：「以後你可以享福，不用再做了！」

　　我那時拍電影的人工每組戲 $4,000，拍兩組已等於無綫一個月的人工。媽媽勞碌了半輩子，我不知多想她告別女傭生涯。她終於破涕為笑，開始像其他太太們般去飲茶、逛街……我有空也會陪她飲茶、逛街……

　　就在這個時候，媽媽去美容院把淚痣點掉，從此以後真的不見她哭了，也沒有再愁眉苦臉。到底是脫了淚痣改變命運還是純粹巧合？都不重要了。

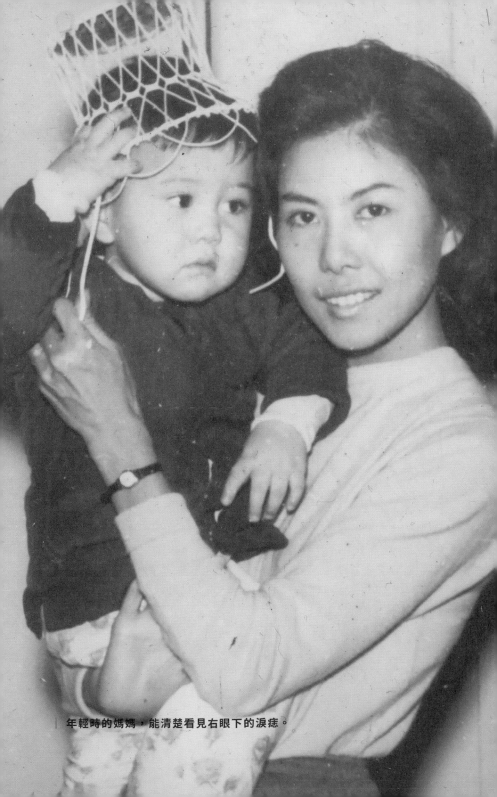

年輕時的媽媽，能清楚看見右眼下的淚痣。

「你先吃這個吧！」媽媽當然知道我餓了，急忙從廚房端出一碟菜，叫我先吃。我當時沒有領情，一手把那碟菜從桌上掃落地下，熱騰騰的食物與破碎的碟子散落一地，就像當年爸爸在文華酒店把乾炒牛河掃落地下一樣！

灣仔孝子當之有愧

自從爸爸走後，家裏環境大不如前，我已沒有資格再做甚麼「北角紳士」了；但在媽媽眼裏，我依然是她的小紳士。我的衣服雖不再是甚麼名貴款式，但總會洗得乾乾淨淨，牛仔褲永遠燙得筆直，她甚至把我的內褲也燙好。媽媽常教我西餐禮儀，刀叉應該怎樣用，喝湯時湯匙應該怎樣舀，小時候都已學會了。平時食用的碗筷，媽媽會先用滾水燙乾淨，才給我用。

小時候非常頑皮，經常被趕出校，但無論我多頑皮，媽媽總是非常疼愛我。有幾年在扶幼會盛德中心寄宿，每年九月生日適逢剛剛開學，不是家長探望的時候，媽媽為了見我，專程去小學樓下的婦女會報讀縫紉班，我放學時她也差不多下課，我便蹲在學校與婦女會之間那道鐵閘等她，媽媽下課出來便從閘縫中遞一隻雞腿過來給我吃，跟我慶祝生日。這畫面一直印在腦海，長大後我習慣每年生日都吃雞腿，來懷念這個情景。

可能我性格真的像爸爸，脾氣很大，雖然明知媽媽十分疼愛我，但依然經常發脾氣，令她傷心。

叫我最後悔的一次，是嫌媽媽煮菜慢，都差不多晚上十點了，還在廚房裏弄東弄西的，我餓得發瘋，不停粗聲粗氣地催促媽媽。

　　「你先吃這個吧！」媽媽當然知道我餓了，急忙從廚房端出一碟菜，叫我先吃。我當時沒有領情，一手把那碟菜從桌上掃落地下，熱騰騰的食物與破碎的碟子散落一地，就像當年爸爸在文華酒店把乾炒牛河掃落地下一樣！

　　我浪費了食物，也浪費了媽媽的心意，媽媽給我氣得哭了，我頓時知道錯，立刻跪下認錯。其實我真的蠢得很，既然餓得發瘋，媽媽端菜出來立刻吃了便沒事，還發甚麼脾氣？如果能回頭，會跟媽媽說：「你慢慢煮，不用急。」然後自己去吃個麵！

　　在每個孩子記憶裏媽媽煮的菜永遠是最好吃的，我也不例外。她煮的滷肉丸、馬拉盞、燉日月魚湯等等，非常美味，還有龍蝦湯，她用新鮮龍蝦加罐頭湯，再加白蘭地和鮮奶油熬製而成，簡直是高級西餐廳水準，好吃到不得了，只恨沒有把她的手藝學起來。我那時懂的，只是發脾氣。

　　小時候因為經常被取笑是「雜種仔」，曾經對媽媽說了很難聽的話：「你為甚麼生我出來？」有次發脾氣，把我們的合照撕爛，但很快便後悔了，於是把相片黏好。我故意把這張充滿裂痕的相片放在相框內，提醒自己以後不要亂發脾氣，不要傷害媽媽。

| 與媽媽合照被撕爛，修補後放相框。

媽媽珍藏的舊剪報

　　在我十來歲的時候，有位鄭 Uncle 見媽媽體弱多病，一個人帶著我很辛苦，提議介紹個人讓她結婚，好讓她有人照顧。於是，這位鄭 Uncle 介紹了另一位也是姓鄭的同宗朋友，他太太過世了打算續弦，媽媽也想有個伴，兩人便結婚。鄭 Uncle 對媽媽不錯，婚後她肺病復發需要割肺保命，鄭 Uncle 便找最好的醫生，並獨自承擔手術費；他買了房子給媽媽，又帶她去旅行。

　　媽媽閒來無事就收集我的剪報，報紙雜誌但凡有我的報導，她總會買幾份，然後剪下來貼在相簿裏。家裏有幾十本這樣的相簿，很多九十年代發生的往事我都忘記得一乾二淨了，幸有這些剪報保存下來，現在看來就像一個珍貴的黃秋生資料庫。

　　媽媽為我付出很多，但我陪伴她的日子始終不夠，又經常發脾氣，現在想起來也十分遺憾。在我做電視台時鄭 Uncle 也過世了，照顧媽媽的責任當然落在我身上。有街坊見到我經常扶著媽媽出入，又拖著她去飲茶，便冠我「灣仔孝子」之名，其實我於心有愧。

黃秋生

全套老西會魯平
黃秋生以示尊重

黃秋生剛剛在北京拍完「怪俠一枝梅」，於前晚返港逗留一天，便匆匆趕回北京準備與港澳辦公室主任魯平見面，由於他之前攜帶的現金已經用光，所以必須返還「補給」，順便帶一套西裝會客。

他表示今次是隨香港影業協會應新華社的邀請到北京的，所以有出席大家的討論範圍和平情況，而這只是大陸的電影制度上加價和平情況的情。

基本上也認為大陸的電影制度上加價和平情況的情。例如臨時演員可以隨時加價的情和缺席，令大家都完全沒有保障，而這很多合作的問題，在沒有信用的問題上，市場的開放程度，而他最嚴重的問題是，令香港的片商有相當大的損失，他認為必須盡快控制。

雖然黃秋生早前身在北京，但也知道王晶被殿的事件，令他覺得非常莫名奇妙，他知道對方只是為了錢，因為全行都就算有問題也沒有需要攬到如此大件事，這些暴力事件根本是對警方的威脅，從來就少有撞心，他說自己工作的時候，就算低調一樣會被人踩，這是很殘酷的現實。

他執導的「新房客」現在仍未決定在那條院線上映，仍在洽談當中，他個人認為這是一部藝術片，適合上西片院線，談到新片男女主角陳海恆，他認為是個極有潛質的新人。

一九九四年十一月二十四日 星期四

港人日報

◀王翠玲頻傳緋聞，令知名度大大提升，不過以黃秋生一貫的變態驚嚇形象，相信王小姐是不敢在太歲頭上動土的，秋生應該可以放心。

港片商內地拍戲應自律

九七後香港片的優點……？第三是介紹港片的賣點予大陸，俾能參考香港片的優勝處。

對香港，兩者都認為過去港人對大陸，今港人覺得大陸是報憂不報喜，致造成矛盾，歸根究底，這只是黑箱操作，欠缺透明度，則大家溝通不夠所致，所以大陸會嘗試新模式，並向香港借鏡。

以大陸會嘗試新模式，並向香港借鏡。

身為西片發行商的洪祖星表示，此行將探討今後西片發行是否仍可自由買賣與及會否限制片種？

而他自然希望保持現狀，但只要通過電檢處，就可自由發行。他又謂大陸方面須擔心政治片的問題，因現時片商對於一些敏感題材的電影都不會買。對於大陸這麼快接觸香港影人，則可見其對香港電影界的重視。

至於會否是一種危機，表示大陸對港片看得很緊？他認為不會，現時大陸影片主要是娛樂教育人民及為國家服務，港片則純粹是娛樂及生意，訪京團各次將闡明二者的分別。

副團長之一的許冠文，認為鄧小平難云九七年後香港維持五十年不變，但電影與政治是不同的，政治可以不變，電影卻不能，因是不同的，政治可以不變，電影卻不能，因

白茵與黃秋生訪京顯得很開心

1994年11月24日 星期四 # 香港商報

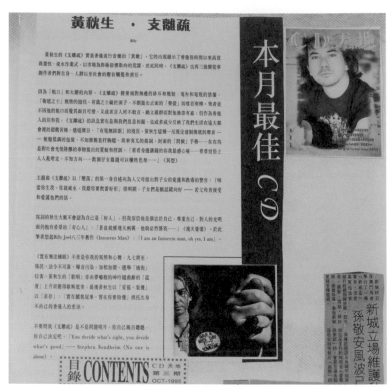

1995 年黃秋生推出首張音樂專輯《支離疏》，被十月號《CD 天地》選為「本月最佳 CD」的珍貴報導幸有剪存。

在媽媽的最後歲月，我請了兩個工人照顧她，她可以安在家中度過最後那幾年。我有回來看她，但逗留的時間總是很短，餵她吃點粥，跟她說幾句話，便推說約了人或要工作……我想，是害怕面對。

媽媽曾經歷過一次割肺大手術，也中風三次，我曾對天說，願意減壽十年，來換媽媽活下來。到了她最後中風那次，癱瘓了十年，知道差不多是時候了，也不想她辛苦，沒有再跟上天交易。

媽媽過世時 86 歲，雖然已有心理準備，但依然十分難過。都說守孝三年，她走後我真的夢見她足足三年，感覺非常強

烈。最後一次夢到她，是見到自己回到灣仔老家，我在臥房看見門外有燈，打開門一看，見到媽媽、外婆和阿姨三人，她們打扮得十分漂亮，化了妝，拿著名牌包包，好像剛剛打完麻將回來的樣子。

「媽咪媽咪，你回來了？」我興奮地不得了，飛撲過去擁抱著她說。但她笑而不語，轉身進了內廳，坐在沙發上。我跟著進去，依依不捨地擁著她，好像猛然想起了甚麼。「媽咪你不是已經死了嗎？你一定能通靈，可否告訴我甚麼時候會發達？」

媽媽笑得更燦爛，之後我便醒來了。夢境是多麼的真實，至今仍然歷歷在目。媽媽看來是那麼美麗、那麼健康，可能她想告訴我，她很好，叫我不用再掛念。之後很少再夢到媽媽了。無須念慈因她常在我心，就是這樣。

| 黃秋生曾為雜誌專欄寫稿

Chapter 2

成長之路

六十年代的華人社會裏出現了一個單親的混血小孩,是充滿違和感的一件事。黃秋生是一個在夾縫裏成長的野孩子,寄宿的日子一度令他身心受創,幸好也有老師在孤單的時候送上溫暖。

他讀過的學校有聖馬加利小學、九龍塘聖體小學、新法書院、軍器廠街警察官立小學、灣仔官立小學、扶幼會盛德中心小學、扶幼會則仁中心小學、嶺南中學。每次轉校,都是因為被趕出校。

他入行前曾從事車房、木工、跟車送貨工人、辦公室助理、髮型屋、花店等,之後入讀藝員訓練班,才不過 21 歲。

坎坷的成長路,換來的是歷練與智慧。

我睡覺時是趴著睡的，背脊朝天，身體緊緊縮作一團，姿勢像未出世的嬰孩在媽媽子宮裏一樣，感覺自己是一隻活在惶恐之中的動物。

變態寄宿生涯

　　我跟讀書從來沒有甚麼緣分。小時候去過屯門藍地寄宿，那個地方跟農村無異，學校旁邊是養雞和養豬的，能嗅到一陣豬屎味。才一個星期，被蚊蟲叮得一身紅腫，媽媽看了不忍，立刻把我接回家。小學一年級第一天上課，校車司機把我丟在不知哪兒，我嚇得嗄啕大哭，幸好校服有學校名牌，路人通知學校來接我。讀了一年，因為頑皮，經常拉前面女同學的辮子，被趕出校。

　　被趕出校其實頗開心的，因為有一年時間不用讀書，可以在家看電視。外婆看粵語長片，我趁她睡著的時候就轉台看卡通片。外婆是典型的舊式人，經歷過打仗，有的是生存智慧。她戰時把破舊的毛衣收拾回來，拆掉毛線，重新編織成襪子，當時就是靠賣毛襪維生。打仗結束，她就沒有再做事了，閒來喜歡打麻將。

外婆見我頑皮，經常說把我送走。那時姨丈在日本工作，想過叫我跟阿姨和姨丈去日本；外婆有個義子在台灣做外交官，又想叫我去台灣讀書，要理平頭，打死不願。最驚嚇那次，是說把我送去當「七小福」，跟成龍他們做師兄弟！我不懂得「七小福」是甚麼，只從電視裏見他們個個剃光頭，但額前剃剩一小撮頭髮，好老套呀！這樣恐怖的「髮型」把我嚇死了，立刻乖了少許，但很快又變回搗蛋頑皮。

| 小學學生照

我沒有被送走，只是送去寄宿。我的寄宿生涯，可以用變態去形容。那個年代的老師對學生很嚴苛，動不動就體罰，背唐詩錯了兩個字以上，每錯一字就要打一次手板。有個老師喜歡捉住我雙耳，把我整個人離地抽起，我的耳朵痛得「嘞嘞」聲作響。這老師還喜歡拿籐條追著我打，我就躲在儲物櫃後邊避開她……

最差的寄宿回憶，都是發生在聖體小學。大概是八、九歲左右，那時不懂得照顧自己，沒有穿內褲，被老師發現了，便罰我全身赤裸站在操場。那時正值午睡時間，其他同學都在睡覺，雖然沒有甚麼人經過，但已令我非常驚恐。宿舍是男女生分開的，中間有路相通，突然有個高年級的姐姐經過，她看見我全身赤裸嚇了一跳，我尷尬的無地自容。已不記得站了多久，可能是一小時，可能沒有，總之感覺十分漫長。自此之後不停做噩夢，在夢中見到自己裸體，很害怕，很想回家，但一直回不到。這件事影響非常深遠，噩夢纏繞了十多年，直至拍《聊齋艷譚》時才克服。

我到九歲時依然尿床，應該是一種心理問題，長時間一個人在外寄宿，沒有安全感。我睡覺時是趴著睡的，背脊朝天，身體緊緊縮作一團，姿勢像未出世的嬰孩在媽媽子宮裏一樣，感覺自己是一隻活在惶恐之中的動物。其實睡在我上鋪那個同學也有尿床，但通常只會罰我。

我覺得老師是有點針對我，我通常是被罰的那個。有次有同學想偷跑，我勸他不要，反正星期六就可以回家，不急於那幾天。他沒有聽我勸，真的偷跑了，但很快被老師捉回來。他跟老師說，是我慫恿他偷跑的，他的罪名頓時減輕了，老師只是罰我。

寄宿學校根本就是一個社會的雛形。不喜歡那個同學，就趁他放學時，從後面用麻布袋套著他的頭，打一頓之後散開，他不會知道誰在打自己。打人也有很多方法，例如將肥皂放在襪子裏，那便是既有力，但又不著痕跡的攻擊性武器！根本就是監獄風雲！

有次我負責清潔課室，明明打掃得乾乾淨淨，室長來檢查時，隨便用手摸摸，說不夠乾淨，要再打掃過。我當然忿忿不平，拒絕再打掃，他便揮拳打過來，我起初沒有還手，後來真的忍不住了，把他狠狠地打了一頓。第二天他見到我，竟然笑笑地走來問我：「秋生哥，吃不吃糖？」你說這人多「契弟」（粵語，辱罵人的俗語）！

曾經有個高年級同學拿著一把摺刀走過來，叫我不要縮手，縮便插下來；我怕呀，把手一縮，他真的把刀插在我手裏，我痛得不得了，還流了很多血，右手手心到現在還留有那道疤痕。

一直以為是因為自己的老外樣貌，所以遭到欺凌；後來意識到，欺凌是沒有原因的，不一定是因為你的樣貌，可能只是不喜歡你這個人。讀書時期見識了很多人性的醜惡，明白到

人要生存很多時難免要用暴力，最初是為了保護自己，但後來當發覺使用暴力會得到好處，就會去欺負人。若然你一旦習慣和認同暴力，就會生存在這個暴力的世界。

我從來不認同暴力；我有的，只是憤怒，很想逃離這個地方。那時候寄宿的則仁中心校舍在歌和老街山上，可以看到香港島，我常常站在學校大門，好像監犯般遠眺香港，希望快些到星期六，媽媽來接我⋯⋯

| 小學時期的黃秋生外表看似開朗，其實心裏充滿抑鬱。

02

老師選了我去參加歌唱比賽，我唱《滿江紅》，一首頗有難度的藝術歌，結果拿了冠軍！當時歌唱比賽的評判是香港著名音樂家葉惠康，他給我的意見是，他十年來未聽過一個小孩子有這麼好的聲音，他希望我可以參加兒童合唱團……

好老師的正面影響

在讀灣仔官立小學的時候，老師見我極為頑皮，老是被趕出校，以為我智力有問題，於是叫我做智力測驗，安排去特殊學校。其實我是過度活躍，只是當年老師不認識這種狀況。之前和之後的寄宿生涯雖然給了我非常慘痛的回憶，但也遇到一些很好的老師，在人生路上給予正面的影響。

1994 年重回母校，右為何老師。

最印象深刻的，是則仁中心小學六年級班主任何老師。她個子小小的，說話溫柔，舉止斯文，對學生很有耐性，很愛惜學生。她教數學和美勞，有天我們做美勞做得很晚，我肚子餓得咕嚕在叫，何老師見狀，給我沖了一杯好立克加兩塊餅乾，就像漂母進食，頓時覺得十分溫暖。從來沒遇過老師會關心學生肚子餓不餓，她真是我心目中最完美的老師。

香港扶幼會
許仁中心學校學生成績表
1975年/76年度 上/下學期

科目	積分額	考分 60%	測驗 40%	總成績 100%	工藝課程 (其一選科)	科目	等級
讀 本	200	102.0	60.8	162.8		造工	
作 文	100	42.0	33.0	74.0		木工	
英 文	200	99.0	56.0	155.0		金工	乙
數 學	200	93.8	48.4	142.2		繪積	
社 會	100	34.5	32.0	66.5		冷氣工程	
尺 讀	100	46.8	31.2	78.0	體育	丙+	
健 教	100	44.7	30.8	75.5	音樂	中	
語 文					美勞	甲	
平均分數			84.0		本班人數	12	
操演分數			75.4		名次		
實得分數			78.4		操行	乙	
					升前班	乙	

評語：天資頗具，惟勤奮不足，求學態度未夠積極，以致工退取，若能加倍努力，則進步有可期。

有位教中國語文的李老師，很喜歡說歷史故事，只要我們乖乖的讀完課文，他便講「楚漢相爭」，有時還會加一兩句引人發笑的粗口，小孩子當然聽得眉飛色舞，上他的課都特別開心，也特別用心，我對中國語文及歷史也從此產生興趣。李老師也教口琴班，因為喜歡他，便去參加，買了個英雄牌口琴，開心到不得了。學了一個月左右放暑假，李老師叫我們回家練習，那時住灣仔軒尼詩道，樓下有兩個失明的乞丐每天都在吹口風琴，吹一些簡單的兒歌，我沒事做，天天拿著口琴跟著他們吹，久而久之，雖然看不懂樂譜，也吹得有板有眼。

後來有個演講比賽，李老師問誰想參加，我舉手參加，竟然拿了個亞軍回來。之後來了位教音樂的陸老師，可能因為媽媽是唱戲的關係，我自小非常喜歡唱歌，上他的課時特別用心。陸老師給我們試音，我一聽音樂就能唱，但身邊的同學老是走音，我很不解，以為同學們故意搗蛋，後來才明白原來世上有音痴這回事！老師選了我去參加歌唱比賽，我唱《滿江

紅》，一首頗有難度的藝術歌，結果拿了冠軍！當時歌唱比賽的評判是香港著名音樂家葉惠康[4]，他給我的意見是，他十年來未聽過一個小孩子有這麼好的聲音，他希望我可以參加兒童合唱團。我當然十分興奮，因為知道如果加入了兒童合唱團，當日後變聲時，就可以去學樂器，如果學得好的話有可能再保薦去其他地方學音樂。回家跟媽媽說這個好消息，可是她不懂得這是個難能可貴的機會，只叫我先讀好書，我因而錯過了繼續學唱歌的機會。

1974 年參加院際演講比賽獲亞軍

　　讀書便讀書吧！小學三年級留了兩年，要到五年級才開始認真讀書。說來慚愧，五年級還未懂得計算加減乘除，鄭 Uncle 見狀便叫我坐定，然後一五一十地教我。當時鄭 Uncle 跟媽媽還未結婚，跟他不太熟絡，感覺是外人，我不好意思頑皮，於是認真地學。鄭 Uncle 是做生意的，說話沒趣但很有邏輯，他指出道理所在，數學是一理通百理明，只要搞清楚基本概念便能繼續學下去。他教了我兩個小時，我就全明白了！

---

4 葉惠康（1930 年 12 月 31 日—），香港作曲家、指揮家、音樂教育家。曾創辦香港兒童合唱團、泛亞交響樂團、葉氏兒童合唱團、香港兒童交響樂團等，被譽為「兒童合唱團之父」。

小學時學中文只是為了看《龍虎門》和《小流氓》這些漫畫，有天媽媽送了一本《貝多芬傳》給我，看完後好想再看其他書，於是便去學校圖書室找書。圖書室把每天的報紙貼出來，我就站在那裏看，認識了很多字。

那時媽媽賺錢很辛苦，但依然願意每個月付出 $300 請補習老師來教我功課。很多補習老師都給我氣走了，只有馬老師留下來。馬老師在香港大學讀政治，戴眼鏡，一派學者模樣，每星期來替我補習中英數，因為中英數合格才可以升班。馬老師循循善誘，我的成績也慢慢好起來。馬老師家中有很多書，我受他影響，開始泡書店。我甚麼書都看，香港所有書店都去過，二樓書店、地下書店都知道。舅父前妻家裏也有很多書，一系列的文學作品放在書架上，如《雙城記》、《三劍俠》等名著，我非常羨慕，當時跟自己說，一定要看夠一百本！

我當然沒有看到一百本，但也看了不少。雖然十五歲才小學畢業，中學程度只有中一，但並沒有放棄學習，我的閱讀生涯從此開始。

| 馬老師在 2017 自製了記念卡送給「第一位學生」黃秋生留念

03

我的一生有很多臨界點，也有很多頓悟。
那一刻我跟自己說，以後都不能做這些
犯法的事！萬一坐監，怎對得起媽媽？

差一點小偷

小時候經常對自己的身分存疑，中國人當我是老外，不跟我玩；但我不懂英語，外國人不當我是自己人，又不跟我玩，結果兩邊不是人。十來歲的時候最恨人叫我「雜種仔」，一聽到這個稱呼一定打架。照鏡問為何自己生成一個老外樣？心裏有好多問號和憤怒。

中一讀嶺南中學時認識了好朋友 Paul，他全名 Paul Gordon，中文名古保羅，也是一名混血兒，不過已是隔了一代，樣貌沒有我那麼老外。Paul 跟我說，其實「雜種仔」這個稱呼在廣東話裏好普通，多半沒有惡意，等如我們叫外國人做「老外」一樣。傳統上粵語是一種比較粗魯的語言，沒必要因此而生氣。我想了想，也同意，才慢慢開始釋懷。

我這一生人中有兩個好兄弟，一就是 Paul Gordon，另外一位是李秉越，我叫他阿秉，都是讀嶺南時認識。我們一起讀中一，之後一起被趕出校。同學之中還有錢小豪，我們放學就去學校附近的一間爛屋裏玩 Fight Club，我和他都是跟冼林沃師傅[5]學大聖劈掛，當然要切磋一下。

---

5 香港七八十年代著名職業賽選手，積極推廣香港泰拳和大聖劈掛門發展，是香港武術界重量級人物。

黃秋生是游泳健將

　　我和阿 Paul、阿秉之所以成為好朋友，因為我們三個都愛游泳。那時夏天無所事事，天天去游泳，通常搭車去淺水灣，然後步行入中灣，跟著一口氣由中灣游到淺水灣，不上岸的，再由淺水灣游回中灣。只要能看見的，我們就有本事游到。我們可以一手拿著漢堡包，一手拿著香煙，一邊吃漢堡包一邊吸煙，再用腳撐，就這樣撐出浮台。我們都是潛水高手，明知第二天將會掛八號風球，今天把泳鏡扔落浮台底，打算第二天潛到水底拾上來。其實怎會找得到？早就被水沖走了。

　　阿秉是北方人，文革時在河邊看被迫害的人跳橋自殺，第二日再在同一位置看人在河裏打撈屍體。他就是在這樣殘酷而真實的環境下長大，天不怕地不怕。因為他，我差一點鋃鐺入獄。

與老友阿秉合照

| 與老友 **Paul** 合照

　　那次我們三人買了戲票看《現代啟示錄》[6]，阿秉發覺褲子爆開了，我和阿 Paul 打算湊錢買條新褲送給他，豈料他不要我們買，要去偷！我那天揹了一個 PUMA 袋，他打算把褲塞進我袋裏，但逛了很多間店舖也決定不了要偷哪條，我不耐煩了，叫他隨便揀一條。他終於揀到了，便把褲子放進我袋裏，然後頭也不回轉身便走，也不理袋口依然是打開的。我慌忙把袋口拉好然後離開，以為沒有人看見，豈料還是給一名老先生看到了，他喝止我離開，一手把我捉住，幸好只是捉住了那個袋，我立刻把袋卸下，然後拔足狂奔。那刻真的害怕得不得了，跑了一會才定下神來，已不見了阿 Paul 和阿秉蹤影，要去哪兒找他們？猛然想起我們買了戲票，於是在五時三十分返回戲院，他倆果然在那裏。我是很氣阿秉的，我們湊錢買褲給他，他不要，他要去偷，結果害我差點被人拉上警局！

　　我一生有很多臨界點，也有很多頓悟。那一刻我跟自己說，以後都不能做這些犯法的事！萬一坐監，怎對得起媽媽？

　　我做錯事但逃脫了，心裏一直很不舒服。為了記住教訓，一定要懲罰自己，怎樣懲罰？想起了《現代啟示錄》，便學戲中的馬龍白蘭度，把頭髮剷光，警戒自己要永遠記得這件事。那時大概十八歲，照鏡問自己到底像不像一個罪犯？像不像一

6　《現代啟示錄》（《Apocalypse Now》）1979 年上映，Francis Ford
　　Coppola 執導，演員包括馬龍白蘭度、Robert Duvall、Martin Sheen 等。

個在監獄裏過下半世的人？如果不像，就該想辦法改變生命。所謂未觀其人，先觀其友，我來來去去有這幾個朋友，而我又很容易受朋友影響，應該擴展朋友圈，去找些正經的朋友。

之後去阿秉家，苦口婆心地勸他不要再行古惑，我說我要重新做人，再這樣下去大家就不能再做朋友了……我像和尚跟死屍唸經似的，他只是「嗯嗯」地應我。阿秉雖然行為有點極端，但他是很有義氣的。有段日子我沒有地方住，得他收留，我便睡在他家沙發。夜晚餓了吃公仔麵，我們二人加上他哥哥，但只有兩個麵，我們加多點水，三個人分了兩個麵吃，把湯喝完那就算飽了。他又教我吃生蒜，辣辣的感覺剛好下飯，到現在我依然很喜歡吃蒜頭。

2006 年拍《放逐》，我飾演的角色阿火，就是參考阿秉來演。裏面一句對白「沒事的，幹活而已」，就是阿秉那種遇事冷靜、淡定的性格。阿秉後來移民去了芝加哥，開了餐館，生活過得不錯。阿 Paul 做了警察，現在退休了，去了加拿大。我們不時聯絡，依然是很要好的朋友，儘管大家說的話題已不盡相同，但一切都在心中。

| 三個童年好友 87 年攝於美國

我沒有讀過甚麼書，打架就打架，你可以叫我流氓；但我不是那些古惑仔，最鄙視那些專門行騙、佔人便宜的軟皮蛇。

從車房仔到訓練班

　　自從中一被趕出校後，沒有再讀書，最初去做車房學徒。問負責機械維護的工人那些機件是甚麼？他老是答：「飛機大炮呀！」我來拜師，你又不教，那我如何學呢？那時候雖然沒有讀書，但受馬老師影響，很喜歡看書，每逢星期日不太忙碌的時候就帶本書回去，坐在車裏看。老闆回來看到就罵：「有空就做事啊！」我心想，已經全部收拾妥當，難道把你的車拆開來再整？在車房做了一年，$2000 一個月，沒有甚麼前途可言。身上總是一陣油味，手裏的污漬深入指甲與掌紋，用鋼絲棉都洗不乾淨，最初還會努力洗澡，慢慢就放棄了。乘巴士沒位置坐不要緊，可以坐地下或坐樓梯，覺得巴士的地面都比我還要乾淨。

　　車房之後做過木工，但做不長，因為長期吸入木糠導致嚴重鼻塞，要用口呼吸，還令到肺部很痛。有段時間做跟車送貨，其後做過廣告公司，所謂廣告公司，是叫人下分類廣告那種，他們表面上請我做 office boy 送文件，其實是想我做 sales。後來又做過《Far Eastern Economic Review》，依然是做 office boy。送信去太古船廠，當然是搭電車，難道乘的士？到了後嫌我遲，被罵個半死。同事都對我很好，只是有幾個死老外較討人厭，於是我故意不把咖啡機洗乾淨，想他們喝了肚子痛……

當一個人窮、爛，真是甚麼都不怕。那時候自我價值好低，沒有學歷又沒有尊嚴，所以我很清楚勞動階層那種扭曲心態，他不是與你有仇，不會存心害你，但會做一些小動作，去抒發自己心裏面那種被欺壓的情緒。

我也做過髮型屋，最怕替小朋友洗頭，我生得高大，洗頭椅又矮，小朋友的頭圓轆轆，洗完之後我一身全濕。那時我很頹廢，很喜歡 Heavy Metal，尤其 Kiss 樂隊，常穿皮靴、窄身牛仔褲，有時甚至穿對高跟 boots 回去，經常有同志給我 $100 小費，還跟我拋媚眼，我頓時起雞皮疙瘩，十分抗拒。有朋友告訴我，當時老闆私底下跟人說：「沒見過那麼高大的帥哥，但那麼 X 蠢！」

就是因為這句說話，我辭職不幹。他覺得我長得高大好看，如果識時務的話，做髮型這行將會大有「前途」。你意思是叫我做鴨呀？加上跟其他髮型師合不來，他們喜歡下班後約女仔回來剪頭髮、試染頭髮之類，然後一群人開 party……

我沒有讀過甚麼書，打架就打架，你可以叫我流氓；但我不是那些古惑仔，最鄙視那些專門行騙、佔人便宜的軟皮蛇。

自從偷褲事件之後決心要做個好人、認識一些新朋友，但如何認識新朋友？某一天，這個契機出現了。當時在打零工，阿 Paul 叫我去大會堂幫忙搬地氈，遇上一名四眼仔，中途休息時我們開始聊天，他突然之間問我：「你有沒有想過做義工？」我心想，做甚麼義工？原來是社區中心辦的社工團體，這正是認識新朋友的好機會。

四眼仔叫阿強，他帶我去筲箕灣聖公會主誕堂，做義工先要登記，人家問甚麼時候方便聯絡我，AM 還是 PM？我一頭霧水，那時已經 18 歲了，但竟然連 AM 和 PM 是甚麼也不知道，我胡亂回答，那一刻好自卑，非常羞愧。

主誕堂的人很接受我，我真的認識了一群新朋友，很多到現在仍是非常要好的朋友。其中有位烏 Sir，其實他不是真的姓烏，只是帶領我們爬山時經常迷路，我們便這樣叫他。有次爬鳳凰山，又迷路了，天色已開始變黑，大家都有點徬徨，我一手拖著一個叫 Benny 的小朋友，一手抱著他弟弟，我們都累透了，弟弟還在哭，幾經辛苦才找到出路。如今，Benny 已是位中年男子，我們認識了超過四十年，他是位專業攝影師，每逢我演出或出席公開場合，他都來拍照。

　　當年看到主誕堂裏的年輕人都在讀書，非常羨慕，問他們有沒有一些已經讀完的教科書可以送給我，我便拿著這些書回家看。我的知識，基本上都是自學回來。

　　後來找到一份花店工作，老闆娘對我很好，她跟我說：「你這麼帥，去讀訓練班做明星啦！」當時跟一般市民的想法一樣，娛樂圈很複雜，都是男盜女娼。豈料主誕堂有個老友徐樹強，唱歌很動聽，好像關正傑般，他剛畢業不知做甚麼，想考藝員訓練班但又不夠膽，於是我便陪他去。

　　本打算去無綫，但去到門口遇著一個非常兇惡的保安員，問我們來幹甚麼，又問我們拿證件。讀書少的人特別自卑，我跟樹強一氣之下，就去了隔壁亞洲電視報名。可能他太緊張，連第一關都過不了；我反而連過兩關，豈料之後發高燒，臉鐵青唇發白，於是面試沒通過。

　　媽媽因為唱戲認識好多 Auntie，當中不少是圈內人，其中一位是導演張之珏的媽媽。張 Auntie 知道我考訓練班後好雀躍，叫我一定要告訴她結果。有天媽媽去飲茶巧遇張 Auntie，她一問之下知道我沒有被錄取，大為緊張，立刻打電話給兒子：「有個人叫黃秋生呀，你幫忙看一下，要錄取他呀……」

　　張之珏當時是亞視總經理，我第二天果然收到電話。他們說有人退出，我能以後補資格入讀訓練班。我十分高興，心

裏當然知道是甚麼一回事，所以非常感謝張之珏跟張 Auntie 的幫忙。沒有他們，我可能還在渾渾噩噩，不知自己在幹甚麼。也很感謝樹強，我的生命因為他而改寫了。只可惜，他已過世了。

黃秋生與張之珏甚有淵源，1974 年張之珏在圓玄學院拍攝無綫劇集《清宮殘夢》，期間遇上一群前來旅行的小學生，其中一名就是黃秋生。想不到八年後黃秋生竟然得到張之珏的幫忙，入了亞視訓練班。

在主誕堂做義工，經常帶小朋友郊遊。烏 Sir（後排左一），樹強（後排左二），秋生（後排左三）。

Chapter 3

電視台的黑暗歲月

1982 年，21 歲的黃秋生入讀第一屆亞洲電視藝員訓練班，從此開始了演藝生涯。初出茅廬，過著打掉門牙和血吞的日子，可幸的是緣分讓他認識了好友邱禮濤，播下了日後盛放的種子。

85 年入讀香港演藝學院，終於找到真正屬於自己的天空。演藝畢業後加入無綫電視，拍了為人熟悉的《他來自江湖》。

黃秋生，根本就是來自江湖。

我記得天台有個廠,沒有上鎖的,但聽說那兒常常鬧鬼,但我實在需要地方睡覺,於是硬著頭皮上去,之後大大聲對天說:「這個世界有兩種人不怕鬼,一,是窮人;二,是好 X 累的人,我兩樣都是!」說罷便心安理得,用張道具刀當枕頭,倒下便睡。

Call 機噩夢

從車房仔到訓練班那幾年,是人生中最迷惘的日子。賺不到甚麼錢,不知將來可以怎樣,覺得自己好無用,有段時間甚至流離失所。媽媽跟鄭 Uncle 結婚了,我不方便同住,跟阿姨住了一陣子;結果跟阿姨鬧翻,幸得阿秉爸爸收留,去他家睡沙發。後來看到街招在灣仔馬師道有房間出租,每個月 $200,就租了下來。小小的單人房,一張床加個書櫃,還可以放個鋼琴。房間在三樓,對著中國皇宮夜總會,黑社會和夜總會小姐夜夜笙歌,雖然嘈吵,但包租婆歐太一家對我很好,總算有瓦遮頭。

讀訓練班的時候其實頗開心,因為開始有夢想,終於知道自己在做甚麼。第一次實習做綜藝節目,扮演一名印度人,把整張臉塗黑了,收工時不捨得卸妝,回家讓媽媽看我這個打扮,真的很天真。雖然生活穩定,但做新人非常辛苦。

1982 年亞視第一屆藝員訓練班（之前訓練班屬麗的電視），除黃秋生外還有吳毅將（右一）、苑瓊丹（右二）等。

《王昭君》造型及拍攝，黃秋生飾演將軍胡爭。

最初甚麼都不懂，拍戲原來一點都不簡單，尤其是打戲。我看到有演員受了傷，走去擦傷口，豈料血越流越多，才知道傷口不能擦，因為受傷後皮膚變薄，一擦就皲裂，只會流更多血。導演叫我從樹上跳下來，爬了上去之後，導演要求再高一些，我又應導演要求再爬高一點，回望才知原來好高，地面只有一張榻榻米，好害怕，但仍是跳了下來。

前輩李亨見到，好心提醒我：「年輕人，以後不要這樣做，摔斷了腳，你拍不了是你的事，他們不會理你。」

開始明白遊戲規則，就是沒有規則，自己要照顧自己，不要逞英雄。那年代電視行業很多地方都不專業，沒有機制去保護演員，但求沒有死人就好。好多經驗是自己摸索得來，亦有受到教訓後從中學到。

有次拍我撞牆，撞了好幾次導演都不滿意，撞到肺部很痛，才有武師走來教我應該怎樣用力。他們不會早說的，想看看你能捱多久。有壞心腸的武師，會趁吊威也（粵語，音譯 wire 鋼索）的時候把演員吊上高處，然後放飯，讓他在上面白白吊足一小時。是故意的，但人微言輕，你能奈他如何？

最記得拍《王昭君》**7** 的時候，有晚拍到凌晨三時，化妝間全都鎖了，沒有地方卸妝更衣。其他藝員都是戲服裏穿著自己的衣服，收工只須把戲服和頭套一脫便可回家。可是我剛剛拍完一場打戲，一身血漿泥濘，頭套黏得死死的，真不知道如何是好。我累得要命，第二天一早又要開工，難道穿著古裝回家？我記得天台有個廠，沒有上鎖的，但聽說那兒常常鬧鬼，但我實在需要地方睡覺，於是硬著頭皮上去，之後大大聲對天說：「這個世界有兩種人不怕鬼，一，是窮人；二，是好 X 累

---

7 《王昭君》為 1984 年亞洲電視劇集，由王心慰首次監製，其他演員包括魏秋樺、伍衛國等。

的人，我兩樣都是！」說罷便心安理得，用張道具刀當枕頭，倒下便睡。不久有人拍醒我，原來已經天亮了，人家要開廠，這才下去卸妝更衣，梳洗之後再把頭套戴上，又再繼續拍⋯⋯

我們有個 call 機，一收到 call 就要立刻回去，有時一等就是二十多個小時，他們只是想有個人待在那邊，以備導演需要，不會理你的感受；到你拍時，劇本多是飛紙仔 [8]，節奏既長且慢，很多只是拖時間的花巧場面，毫無意義。

雖然我是訓練班出身，但亞視沒有捧新人計劃。這邊廂《王昭君》剛收工，那邊廂就收到《四大名捕》的 call，不是要我入鏡，而是要我回去躺在那裏，演一條死屍的手臂！我們是計 show 的，不夠 show 的話，茶客要做、死屍又要做，總之甚麼茄喱啡（粵語，即跑龍套）都要做，他們就可以省掉一個臨時演員的錢。

導演都不是善男信女，動不動便把演員罵得狗血淋頭。有個導演很喜歡拍 tight shot，演員入鏡要好準，沒有人教我走位，經常被他罵個半死。有次導演又用麥克風破口大罵：「黃秋生你知不知道怎麼演戲，都走出鏡了⋯⋯（下刪多字粗言穢語）」

年輕時除了「雜種仔」之外，最接受不了就是被人用粗口問候母親，一聽到就想打人！那次真的受不了，去洗手間時在走廊跟這個導演狹路相逢，他若無其事地在吸煙，我氣得五雷轟頂，緊握拳頭很想打他，但跟自己說不能打，一動手的話這份工便沒有了！一口氣雖嚥不下，但還是吞進肚子裏了。

---

8 香港影視圈術語，意指開拍時還沒有完整劇本，邊拍邊寫劇本，臨場開拍時給演員劇本的一種現象。

那時候精神壓力很大，情緒備受困擾，性格變得非常暴躁。很怕聽到 call 機響，一響便手心冒汗，坐立不安，夜晚經常做噩夢。有時在噩夢中哭醒，驚覺自己原來在做夢，看一看鐘，早上三點，還有三個小時便要開工，還是快快去睡不要哭了，連哭的時間都是奢侈！

　　在亞視被人瞧不起，很想去無綫，於是找了一位剛剛跳槽到無綫的 PA 搭路，拜託他介紹我過去。他答應了，叫我拍段錄影帶自我介紹，然後替我交給那邊的負責人。我照做，但等了很久也沒有回音，於是再問他，他竟然說：「他們說：『這種人，我們不要！』」

　　甚麼是「這種人」呢？做人有必要這樣說話嗎？你大可以說他們不需要我就可以了，為何要這樣侮辱人？當時以為電視台 PA 是有點辦法的人，後來才知其實不過是甚麼都要做的雜工而已。這個 PA，後來沒有再見過了。

　　話又說回來，雖然在亞視那段時間很辛苦，但也學到很多。胭脂紅加點泥水，就是一個瘀妝，我連刀疤膠也知道怎麼弄。拍打戲渾身濕透，沒有乾淨衣服可以替換，見到何家勁在戲服裏穿著一件毛巾衫，短袖 V 領的，既可吸汗，又可以做打底衣服，令單薄的外型變得豐厚結實，頓時好看多了！毛巾衫是自己訂做的，於是便有樣學樣，也訂做了幾件。

　　我在亞視的日子只有兩年，已見到很多人生百態。我知道這裏不是自己想要留下來的地方，這時認識了邱禮濤，他將會改變我以後的路。

02

夏文汐像個大姐姐，我只是個未見過世面的小朋友，知道要跟她演情侶已經好害怕，還要把螢幕初吻獻給她，緊張的不得了，心跳得很厲害，一連喝了三支啤酒都還未有醉意，最後是她主動捉住我親，沒有 NG。

見證《花街時代》
與邱禮濤緣起

我在亞視的最大得著，是認識了邱禮濤（Herman）。他當時在浸大讀電影，入了亞視實習。那年代的 PA 大多自以為高人一等，把訓練班出來的藝員當是廉價勞工；邱禮濤不同，始終是讀書人，很有禮貌，是我見過最斯文友善的 PA。

年輕時的 Herman 已經留有一頭長髮，一天他走來叫我幫他拍畢業作品。那時他很喜歡芥川龍之介 [9]，拍攝的題材也是怪怪的，短片大概是講述男主角每天在公園裏看見一個女子在畫畫，他愛上了這個女子。有一天她沒有到公園，他聽到有個畫家自殺死了，就以為是那個女子，於是回家割脈自殺……很黑暗的題材，都是 Herman 喜歡的東西。

---

9 芥川龍之介（1892 年 3 月 1 日—1927 年 7 月 24 日），日本知名小說家，名作有《竹林中》、《羅生門》等。

短片拿了獎，很替他高興。那時候的 Herman 其實充滿愛，很文藝，也很文青。他家住西環，有天去他家裏閒聚，當中還有他的同學，除了我之外全部都是大學生，他們的話題我完全答不上。我坐在地下看著書櫃，裏面有很多書，其中有古希臘哲學家亞里士多德的《詩學》，再望望身旁的一群大學生，心裏好生羨慕。

　　「假如能夠好似你們一樣，讀到大學就好了！」我說。

　　Herman 看到我一副落寞的樣子，走過來安慰我：「你只要努力，你也可以！」

　　這句說話深深地印在腦海，之前錯過了很多學習機會，日後如有機會的話，一定要去讀書！

80 年代的日常照，黃秋生這身打扮甚具當時流行的東瀛味道。

那時候每日的生活只是為了糊口，根本沒有想過自己要走怎樣的一條路。有日在報紙看到電影《花街時代》[10]招聘演員，看看故事大綱，其中一個情節是說一個在灣仔長大的混血兒尋找外籍父親，這不就是我？很想去試試，但不知如何聯絡，此時 Herman 來電，跟他提起這事，他有個浸大同學，剛巧是《花街時代》的工作人員，可以幫我安排試鏡。

最初是很興奮的，但去了又有點自卑。試鏡的人全是靚仔靚女，不少是模特兒，也有混血兒，自問相形見絀。當中還有莫少聰，他已是知名演員，但我心想，他是混血兒嗎？雖然心裏有很多疑問，但跟自己說，一定要好好把握機會，讓他們知道我是有能力演活這個角色。

試鏡之後等了很久也沒有消息。原來方小姐（監製方逸華）想用莫少聰，因為有票房保證；導演 Angie（陳安琪）堅持用我這個新人，二人爭持不下。最後 Angie 說服了方小姐，我也得到了 Jimmy 仔這個角色。

第一次拍電影，眼界大開，他們把整條街封了，又聘請了很多外國演員，好像拍國際電影一樣。我只是縮在一旁，沒膽量跟人聊天。夏文汐像個大姐姐，我只是個未見過世面的小朋友，知道要跟她演情侶已經好害怕，還要把螢幕初吻獻給她，緊張的不得了，心跳得很厲害，一連喝了三支啤酒都還未有醉意，最後是她主動捉住我親，沒有 NG。

當時在亞視日做夜做，從未見識過大場面，雖然電影海報上只有夏文汐和葉德嫻的名字，我這個男主角連名字也沒有，但已覺得能夠拍電影也算有點運氣。

---

10 《花街時代》為 1985 年上映的香港電影，由邵氏電影出品，陳安琪執導，演員包括黃秋生、夏文汐、葉德嫻等。本片是香港新浪潮電影代表作之一，曾入圍第 22 屆金馬獎及第 5 屆香港電影金像獎共四項提名，最終葉德嫻獲香港電影金像獎最佳女配角。

後來當我懂得演戲時重看《花街時代》，終於明白為何當年 Angie 會選我。我就是在灣仔區長大，就是日日上學放學經過酒吧，就是在尋找丟下自己的爸爸，但不懂英文，還經常被人歧視，我根本就是 Jimmy 仔！我的演技差到不得了，但導演就是不需要我會演戲，她要的是那種未經加工的幼嫩和青澀，而我有種怕怕醜醜、但同時又對社會充滿憤怒的特質，正正合乎角色要求。其他試鏡的 model 都有健全家庭，回家可能說英文，對灣仔區一知半解，怎會有我這種複雜的情緒？

　　很多謝 Angie，讓我踏出了演戲第一步；當然也很多謝 Herman 幫忙搭路，我才有這個機會。想不到三十多年後會再與夏文汐合作拍 Viu TV 劇集《瑪嘉烈與大衞》，我們在化妝間相遇，甫見面她即叫我「小伙子」，我們相視而笑。現在已沒有人叫我「小伙子」了，一轉眼便幾十年，恍如隔世。

與邱禮濤識於微時，二人合作無間。圖為 2015 年邱禮濤獲嶺南大學頒授文化研究哲學博士，秋生特地前往恭賀。

03

逃離噩夢入讀演藝學院

> **入學第一日收到一本小冊子，上面寫著 Orientation Week，完全不知甚麼是 Orientation，立刻查字典；知道了，原來學生要在 cafeteria 集合，cafeteria 是指哪裏毫無頭緒，又要查字典，向來只懂得 canteen，鬼知甚麼是 cafeteria ！**

　　Herman 鼓勵我讀書那一席話，一直沒有忘記。1985 年演藝學院招生，我知道這是再讀書的好機會，但是我的學歷只有中一程度，恐怕不夠資格。張之珏知道了，提議我先去找當時在浸大教書的 King Sir（鍾景輝 [11]），問他可否做旁聽生，待熟絡之後就跟 King Sir 說想報讀演藝這件事。

　　King Sir 教 Public Speech，我真的做了一陣子旁聽生，全部英語授課，聽得非常辛苦。後來 King Sir 知道我想考演藝但學歷不夠，便叫我儘管去試試，待畢業時再補回中學會考。

---

11 鍾景輝（1937 年 3 月 23 日—），香港舞台劇演員和導演、戲劇教育家、電視製作人、前香港無綫電視合約藝員及電視節目主持。香港戲劇協會創辦人兼會長，香港藝術發展局戲劇藝術顧問。1983 年受聘為香港演藝學院戲劇學院系主任，繼而任創院院長。2012 年獲「香港藝術發展獎」之「終身成就獎」，2018 年獲「香港舞台劇獎－終身成就獎」。

那年是演藝第一年招生，沒有政府資助，亦沒有現在的規模，他們想找一些有演出經驗的學生。我當時 24 歲，在亞視已有兩年演出經驗，結果真的給我考到了。入學第一日收到一本小冊子，上面寫著 Orientation Week，完全不知甚麼是 Orientation，立刻查字典；知道了，原來學生要在 cafeteria 集合，cafeteria 是指哪裏毫無頭緒，又要查字典，向來只懂得 canteen，鬼知甚麼是 cafeteria！戲劇系的老師全部講英文，Colin George[12] 是英國人，毛 Sir（毛俊輝 [13]）和林立三 [14] 都是從外國回來，主要又是講英文。最初讀得頗為辛苦，但因為熱愛戲劇和這個讀書環境，慢慢也就適應下來。

　　媽媽十分支持我讀書，但學費始終是一個問題。第一年不懂得申請學生資助，向銀行借了兩萬元；第二年懂得申請了，但要提供入息證明。那時家裏很窮，媽媽經常拿手錶、戒指等首飾去典當，於是向媽媽拿來一大疊當票後，成功申請學生資助，解決了生活問題。

---

12 Colin George（1929 年 9 月 20 日—2016 年 10 月 15 日），生於英國威爾士，電視及電影演員、舞台劇演員及導演。1985-1993 年獲聘為香港演藝學院 Head of Acting。

13 毛俊輝（1947 年 2 月 3 日—），曾任美國加州拿柏華利劇團藝術總監及紐約新美亞劇團副總監。1985 年任香港演藝學院戲劇學院表演系主任，2001-2008 年擔任「香港話劇團」藝術總監。

14 林立三（1956 年—），舞台劇演員、導演。曾擔任香港演藝學院戲劇學院表演系主任 23 年。

《風流劍客》劇照

讀演藝那三年，是人生中最快樂的三年。入學後立刻把亞視那個 call 機丟掉，從此不再受 call 機聲折磨，耳根清靜了，壓力沒有了，從課室望出窗外，一片身心舒泰。日日上學放學，知道睡醒後可以去哪裏，精神有寄託，做人有目標。很喜歡那種藝術氣氛，很享受學習過程，慢慢人也變得斯文了，粗言也減少了很多。

老師都很疼我，有日我在耍太極，Colin George 經過見到很感興趣，於是我們便來個交換，我教他耍太極，他教我背誦莎士比亞。我背誦了很久，他可是十分認真的，還找個導演來看我唸成怎樣。

雖然我很認真讀書，但可能本性難移，我始終是一個十分搗蛋的學生。學校 canteen 的早餐在早上 10 時前會便宜少許，跟老闆混熟了，有時遲了回去他也會以學生價賣給我。有天遲了 5 分鐘，看見呂頌賢正在買早餐，我飛快走過去，豈料老闆說已過時，拒絕以學生價賣給我。我跟他理論，明明幾分鐘前呂頌賢還在買，為何不能賣給我？老闆堅持不賣，我火大，走到 canteen 的鐘前，把它撥慢 5 分鐘！老闆向學校投訴，毛 Sir 苦口婆心跟我訓話：「秋生你做什麼啊？別人會以為你搞破壞，不好因為小事影響你的藝術生命……」

King Sir 也很疼惜我，讓我在第二年演出著名劇目《風流劍客》[15]，我黏上鬍鬚和大鼻子，演活了法國劍客那種風流倜儻和癲狂，還拿了獎。可是之後我們想搞學生會，King Sir 就不太喜歡了。跟他開會，他坐在那裏一言不發，只是冷冷的拋下一句：「你們喜歡怎樣就怎樣啦！」很多學生立刻打退堂鼓。雖然那一年我們沒有搞成學生會，但在 King Sir 心目中，我肯定是一個頑皮的學生。

---

15 《風流劍客》，劇名亦有譯作《西哈諾》（Cyrano de Bergerac）是法國劇作家 Edmond Rostand 創作於 1897 年的五幕戲劇，也是其代表作。

入讀演藝第二年即演出《風流劍客》

黃秋生入讀演藝期間，還有一段有趣的小插曲。第三年，一群同學往北京交流，前來接機的是鞏俐，當時她仍是學生，長得非常漂亮，已知道將會被重點栽培。一班人住紫玉飯店，黃秋生知道晚上不會有甚麼娛樂，帶了法國電子音樂大師的卡式帶上去，在飯店娛樂室的唯一錄音機播放，一群同學跳得興起，10分鐘不夠，音樂停了，負責監場的大叔只說：「這個不行！」問他原因，他只重複地說這個音樂不能放。可能音樂太古怪迷幻，大叔接受不了，同學們只好無奈散去。當年黃秋生帶上去的音樂，屬Jean-Michel Jarre，即是鞏俐現任丈夫！人生充滿巧合，也很神奇！圖為一群同學在北京留影，黃秋生右邊為黎海珊，後排最右是黃真真。

我時不時也會逃學，都是那些無關痛癢的化妝課，相比起以前中學那種逃學，實在不算甚麼。很愉快地讀了三年，畢業時學校已沒有再要求我交出中學會考成績，但需要全科合格才可畢業，差一科不合格都不能畢業。我偏偏就是少考了一科 Technical，因為這科很沒趣，我來學演戲，一個燈泡叫甚麼、一口螺絲釘叫甚麼，關我甚麼事？於是沒有去考試。King Sir 秘書打電話來，給我一星期時間，之後補考。我慌忙找張達明求救，他向來是乖乖的上足所有課，筆記抄得很整齊，我便向他借來抄。讀了一個星期才讀得十來頁，硬著頭皮去考，殊不知試卷的問題就是筆記的第一頁，我每次讀書都習慣由第一頁讀起，這一頁背得滾瓜爛熟，不用 15 分鐘就考完。過了兩天 King Sir 秘書再打電話來，吞吞吐吐的，我明白她意思，是想問我是不是作弊？我說，考試那天我坐在你面前，如何能夠作弊？她想想也是，我順利合格畢業，一百分！

　　其實我只是幸運，如果考的不是第一頁，便不能畢業了。

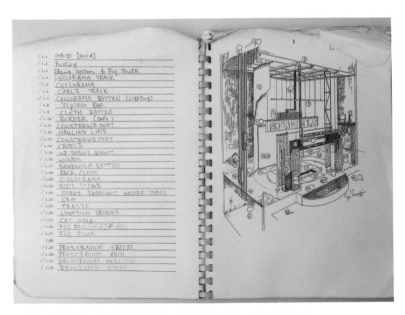

｜ 當年的筆記，秋生熟讀這頁，就是考這頁，獲 100 分！

畢業前學校請來了業界前輩，跟我們分享演藝界的出路。他說，做劇團雖然不能賺大錢，但如果努力而又有機會的話，到 60 歲左右可能會有個甚麼人民藝術家獎……

　　那一刻，很清楚自己日後要走的路。當時業界氛圍很奇怪，舞台中人看不起電視和電影演員，覺得他們不過是一群明星，憑甚麼賺這麼多錢？電視和電影中人又覺得舞台演員自命學院派，賣弄藝術故作清高，楚河漢界好清晰。我想做藝術，但做藝術首先要有錢，要有錢先要有名氣，而當時打響名氣只有一個地方，就是無綫電視。

　　我當自己是新人去報名，去試鏡。那時已讀了三年書，不再是那個在亞視初出茅廬的小子。想不到的是，光怪陸離的事，到處都一樣。

| 畢業試有驚無險，88 年順利戴上四方帽。

2004 年獲香港演藝學院頒發榮譽院士

果然，他們說了一大堆廢話，說公司好疼惜我、會力捧我……我一聽這些說話就知道充滿危機，拍完這劇後將會被冷凍，立刻眼泛淚光，跟著說自己頭暈。他們看見我流淚真的被嚇得亂了陣腳，還以為我中暑，立刻拿 panadol 給我，之後便讓我離開。

三司會審

最初入無綫的時候都有人覺得我是學院派，對我有很多疑問。先要多謝潘嘉德，在《小小大丈夫》[16] 給我演一個很有型的經理，這才陸續有其他工作。

後來接到《他來自江湖》[17]，我見當時電視台個個都是俊男，便想到留長頭髮和蓄鬚鬚，來突顯自己的反派形象。劇集播出後受到許多人注意，開始收到影迷來信，有點沾沾自喜；此時卻收到毛 Sir 傳來的訊息，他說假如秋生這樣繼續下去，將會很快玩完！他的意思是一個演員開始的時候應該儘量伸展自己，不應固定一個形象，否則只會限制死自己。我猶如當頭棒喝，立刻剪掉頭髮和剃掉鬚鬚。

---

16 《小小大丈夫》為 1988 年情境喜劇，監製潘嘉德，其他演員包括王書麒、林穎嫻等。

17 《他來自江湖》為 1989 年台慶劇，監製劉嘉豪，其他演員包括萬梓良、周星馳、毛舜筠、吳孟達、關海山、李香琴、羅蘭等。

│ 《午夜太陽》黃秋生飾演探員程軍，其中一場戲須反串扮女人，當日剛
巧演藝師妹兼好友李婉華來探班。

　　很多人對我的認識是因為《他來自江湖》，但對我來說，更難忘的是《午夜太陽》[18]。我的角色原本屬意周星馳，那時候他很紅，對白是為他量身訂造。我分析周星馳的演法，到底是甚麼元素令大家覺得好笑？既然角色是寫給周星馳，我便模仿他的演法，但是監製很不滿意，經常打電話來叫我改，他不喜歡我做周星馳，想我做 Mel Gibson！我為之氣結，你有沒有見過 Mel Gibson 演周星馳？

　　我沒有理會，繼續以我認為對的方法演。有日在長洲出外景，拍到一半突然煞停，公司急召我回去開會。我知道應該是「三司會審」，監製和高層要跟我訓話。開始知道害怕，Ming Sir（劉兆銘）知道來龍去脈，就教我幾個方法。

18　《午夜太陽》為 1990 年時裝劇，監製徐正康，其他演員包括吳鎮宇、郭
　　富城、黎美嫻、劉兆銘等。

「第一，你雙眼太有力，回去戴個眼鏡擋一擋，讓他們不要怕你；第二，你那麼高，入到房拉張櫈坐低，矮過他們就不覺得你有攻擊性；第三，把劇本中你的對白 highlight 起來，叫監製讀出來，看他認為應該怎樣演；第四，最好找個時機哭，男人老狗流眼淚，他們就會亂了套。」Ming Sir 教導。

回到公司後，立刻依照 Ming Sir 吩咐，先戴上眼鏡，再找劇本把我的對白畫出來，進去之後坐下，裝出一副可憐模樣。果然他們說了一大堆廢話，說公司很疼惜我、會力捧我……我一聽這些說話就知道充滿危機，拍完這劇後將會被冷凍，立刻眼泛淚光，跟著說自己頭暈。他們看見我流淚真的被嚇得亂了陣腳，還以為我中暑，立刻拿 panadol 給我，之後便讓我離開。

那兩滴眼淚當然是「真」的，我是讀演戲的，要哭實在太容易了！《午夜太陽》頭五集的反應非常好，改了演出方法後就變得一般了。很可惜，當身邊的人不夠膽創新，只能平庸地依著常規走。那時候最談得來的朋友，就是 Ming Sir，他其實應該算是亦師亦友，常常給我一些人生金句。他的話很禪味，但很有道理。他傳授我「化屎大法」——當遇上爛劇本，就把自己化成一坨很臭的屎，在上面種出美麗的花朵，讓本來爛的東西變成精彩。這道理看似容易，但我可是花了十年時間，才參透箇中真諦。

當日成功過了「三司會審」這關，但估計自己逃不過被冷凍的命運，於是膽搏膽，一口氣接了三部電影。平時若要接電影，一定要跟無綫請假，但如果有劇集找你，就不能請假。果然，我真的被冷凍，而又可以趁機在外面拍電影，一年復一年，最後跟無綫合約也完結了！世事錯有錯著，多得他們不太看得起我，沒有跟我簽經理人合約，只是簽普通藝員合約，這才容易走。

離開了無綫之後在電影圈打滾了二十多年，2014 年回去拍《梟雄》[19]，純粹是報王心慰的知遇之恩。當年在亞視，她找我拍《王昭君》，她很喜歡用我，一直對我很好。

再次回到無綫，真的覺得那兒是一個結界，演員好像小朋友一樣，不知道世界發生甚麼事；寫劇本的人也像一群小朋友，不論是帝王將相、黑社會還是有錢佬，永遠一模一樣。這班人每天回到這個結界開工，完全與外界脫節，他們覺得世界就是這樣，這樣就是世界。

　　拍《梟雄》遇到韋家雄，我覺得他是能演戲的人，奈何只是敷衍了事。我問他，是不是一世就想這樣？若不是的話，就要認真地對待自己的戲，想想如何做得更好。我們在內地拍外景，要由這一邊走去那一邊，大家都沒有助手，連一張櫈都要自己拿。不要緊，但可否拿得好看一點，不要像個乞兒模樣？成群演員逃難似的，難看極了！我們這行是一個 illusion，沒有觀眾想看一群乞兒做戲！

　　我多嘴而已，但我覺得韋家雄是聽得明白的，他結婚也有請我去喝喜酒 [20]。有一個演兒子的戲，演繹對白像個小朋友，我問他這個角色幾歲？他說 30，我說 30 歲的人是這樣叫爸爸的嗎？之後有次聚會他喝醉酒，走過來問我：「秋生哥我可不可以親你一下？」我感謝他的熱情，但我實在受不了男人的吻。

　　時為 2014 年夏天，我們在上海拍攝《梟雄》，當時在想，我是一個久經風浪的航海員，現在卻風和日麗風平浪靜，與一群小朋友在太陽底下吃水果⋯⋯上天可否給我一些刺激的驚濤駭浪？不久之後，驚濤駭浪果然來臨，我的人生起了翻天覆地的變化，事業也被偷走了⋯⋯一切一切，容後再談。

19　《梟雄》為 2015 年台慶劇之一，監製王心慰，其他演員包括湯鎮業、黎耀祥、蘇玉華等。

20　韋家雄在 2015 年無綫《萬千星輝頒獎禮》中憑《梟雄》裡麥瀚林一角奪「最佳男配角」，領獎時曾多謝黃秋生的一句說話令他命運改寫。黃秋生憑喬傲天一角奪「最佳男主角」。

Chapter 4

電影的風光與血淚

1990 年，29 歲的黃秋生正式加入電影圈。1994 年，憑《八仙飯店之人肉叉燒包》首奪香港電影金像獎最佳男主角，其後在 1999 及 2019 年，分別再憑《野獸刑警》和《淪落人》封帝。2022 年，《白日青春》為他奪得金馬獎最佳男主角榮譽，其他獎項，不勝枚舉。

在獎項數量層面，黃秋生是大贏家。時代巨輪帶著他走，他在巨輪裏留下了漂亮的足跡。經歷過三級片和黑社會的洗禮，也嚐過最滋味的大茶飯。在昔日那個年少輕狂的時代，他曾自詡，假如你不認識黃秋生，你一定不是香港人！

然而，時光荏苒，他的足跡已踏遍世界，視野再不局限於香港。他見識過荷里活，也在台灣找到另一片天空。就在最風平浪靜之際，社會巨浪翻起。2015 年之後，他是最少工作的大輸家。

電影路上五味雜陳，在最荒謬的環境下，是最頑強的風骨。

《人肉叉燒包》的啟示

動作指導一時答不上，反問我應該怎樣做。

「把她抓住，壓在牆上，再吐她口水，然後把她摔在地上。再拿水杯砸她，讓她像老鼠一樣在地上爬。接著再把她捉到熱水機旁，用熱水燙她的手，讓她的皮都燙掉，痛得她到處跑，最後再強姦她。你說好不好？夠不夠恐怖？」我說。

　　小時候大部分時候都不快樂，形成了孤僻的性格，很喜歡幻想，是一種逃避，也是精神上的一種逃離。我喜愛游泳，幻想自己是海軍陸戰隊；站在懸崖峭壁，幻想自己是泰山；有時候幻想自己是隻鷹，將靈魂與視點注入鷹內，幻想自己在飛翔，用鷹眼的角度看世界；背個 Hong Kong U 的袋，裏面放幾本書，幻想自己是大學生；還有音樂家、警察等等，純粹覺得這些身分很有型。幸好只是幻想而已，否則就變成人格分裂。我可能有 80 個 Billy 在身體內，差一點就分裂出來。所以我好理解有輕微精神病的人，知道他們在想甚麼。

　　以我的經歷，可以行一條歪路，可以做古惑仔或者變態殺手。但我肯定自己不會是變態殺手，因為我不是一個殘忍的人，從來沒有把憤怒發洩在動物或弱者身上，腦海亦從來沒有變態和血腥的畫面。

　　很慶幸自己入了演藝這行，演戲成為我的情緒出口。我比較容易感受身邊的環境、服裝和道具，其實演員都有類似幻想的訓練，叫做掃描，好像畫畫掃描，去想像角色。

一個最滅絕人性的禽獸檔案

推賢

修賢

第一手資料揭秘

八仙飯店

之

人肉叉燒飽

THE UNTOLD ST

一家八口

一夜之間

一齊蒸發…

以中周重案組都有...

查滅絕據！

| 《人肉叉燒包》電影廣告剪報

出品人楊登魁 李修賢　監製李修賢　導演邱禮濤

III

只准年滿18歲人士入場

PERSONS AGED 18 AND ABOVE

領衡主演 李修賢　黃秋生　劉紹銘　成奎安　關寶慧　黃栢文　紀家發　林敬剛

執行監製 黃栢文　編劇 羅錦輝　製作經理 陳慕貞　製片 馮鳳珍　美術指導 馬光榮　攝影 曹惠奇　音樂 王邦

聯登投資有限公司 出品　群雄影業有限公司 攝製

拍《人肉叉燒包》[21]，也是一種情緒宣洩。我把從小到大所受過的白眼、欺凌、冤屈等等全都帶到現場，我的創作都是從憤怒而來。

拍這部戲時沒有甚麼心理關口要過。當年跟老闆簽約，一簽就是三部戲，《叉燒包》是第二部，簽的時候根本不知道會有這部戲。拍時很不情願，但既然已經簽了合約便沒得選擇。唯一可取的是，導演是 Herman，跟他相識已久，一直對他很信任。不開心的是加入了很多暴力與色情場面。強暴李華月那場戲本來已經拍了，第二天 Herman 打來說要重拍，因為老闆不收貨，嫌強暴戲分不夠多，又見不到李華月的胸。我很氣憤，我的角色是殺人犯，不是強姦犯，我們不是在拍色情電影！

現場有個動作指導，問他想怎樣拍，他叫我捉住李華月撞向牆，然後把她推到桌上，再推落地……我聽後更加火大，你到底想要甚麼？難道你覺得把李華月撞向牆推到桌再推落地就是恐怖？

動作指導一時答不上，反問我應該怎樣做。

「把她抓住，壓在牆上，再吐她口水，然後把她摔在地上。再拿水杯砸她，讓她像老鼠一樣在地上爬。接著再把她捉到熱水機旁，用熱水燙她的手，讓她的皮都燙掉，痛得她到處跑，最後再強姦她。你說好不好？夠不夠恐怖？」我說。

Herman 很懂得我脾性，知道氣氛不妥當，一直在安撫我。大家似乎接受我的提議，我問李華月，能否接受我向她吐

21　《八仙飯店之人肉叉燒飽》於 1993 年上映，邱禮濤執導，李修賢監製，其他演員包括李修賢、關寶慧、劉兆銘等。電影改編自澳門八仙飯店滅門案及鰂魚涌福昌樓殺人放火案，香港票房超過 1,500 萬，黃秋生憑本片榮獲第 13 屆香港電影金像獎最佳男主角。

口水？她說沒問題，我們便照拍。插筷子那一幕很嘔心，有血漿又有汗，我渾身不自在，Herman 說會用鏡頭遷就，叫我放心去演。拍完後我問他如何想到用筷子去強暴人？他說前一晚跟老婆吃飯，望著筷子，心想假如插進下體應該會很痛⋯⋯他果然是一個另類導演！

拍攝現場是酒樓，酒樓上邊有間房，我把自己關在房裏，表面是休息，其實在發脾氣。我這麼討厭這部戲，現在才剛剛開始，要如何拍下去？突然靈機一觸，快要到萬聖節，就當這是恐怖片，用來嚇香港觀眾！心念一轉，豁然開朗，這才繼續拍下去。

這部電影的確十分嚇人，上映時坊間引起很大迴響。我在《人肉叉燒包》學到的，是一部戲成不成功，不是單靠主角或導演；假如所有人都好努力，這部戲一定成功。

戲中被我殺害那幾個小朋友，會演得不得了，最初還以為要幫手嚇他們，豈料導演一 roll 機，一個哭全部跟著哭，完全不用幫忙。導演一 cut 機，個個即時收聲，還捲起報紙敲我的光頭，跟我玩得不知多開心！李華月也很專業，甚麼也肯做，有個虐打鏡頭，她被打到嘔也不吭一句，我說不能再打了，再打下去她會死的！還有被我插瞎眼那個臨時演員，在又濕又滑的廚房裏摔來摔去，非常辛苦，見他渾身瘀傷，問他收多少錢一天？他說：「幾嚿水咋（粵語，即港幣幾百塊而已），收了錢就要把工作做好！」也沒有抱怨一聲。連一個臨時演員都這麼專業，這部電影怎會不成功？

今天再叫我演這個角色，肯定做不來，我已經沒有當年那種憤怒了。

我從來沒有因為拍這部電影而不吃叉燒包，媽媽就非常喜歡吃，我和她去飲茶常常點叉燒包。多年後我重回拍戲那酒樓，還走入廚房叫人做叉燒包，叉燒包已成為我的象徵了。

02

我開始覺得這個獎是負累,不想再被它困擾了,於是把它從架上拿下來,當垃圾般扔掉。就這樣過了一段日子,已把這件事忘記了。有一天,不經意地在廁所找到這個獎座,原來媽媽偷偷從垃圾桶撿回來,鬼鬼祟祟地放在馬桶後邊,與廁所刷放在一起!

孤單影帝

我沒有後台,從來沒想過自己會拿影帝獎項,尤其是一套三級片。94 年出席金像獎頒獎禮 [22] 那晚,穿得鬼五馬六,一件藍色恤衫加件花背心,戴個黑框眼鏡,頭髮向後梳,連西裝也沒有穿。我根本沒有信心。

去到現場,還未頒獎,個個已經在恭喜劉青雲 [23],說他一定會得獎,沒有人理我。我得了獎之後,情況也是差不多,依然沒有多少人恭喜我,更加沒有公司和我慶功。做完訪問後餓得發慌,望望後邊,食物已經全部收起,連桌子也清理得乾乾淨淨。

---

22 第 13 屆香港電影金像獎於 1994 年 4 月 22 日在香港文化中心舉行,以「奇蹟」為主題,一共頒發了 17 個獎項。

23 劉青雲憑《新不了情》和《七月十四》兩部電影提名最佳男主角,當年被視為大熱門。

1994 年黃秋生憑《八仙飯店之人肉叉燒飽》奪香港電影金像獎最佳男主角

| 同屆袁詠儀憑《新不了情》奪最佳女主角

　　那時的我長期帶著憤怒，覺得所有人都看不起自己，脾氣暴躁，對人無禮，跟記者的關係很差。因為恐懼被遺忘，所以不去期望甚麼，當台上宣佈黃秋生得獎那一刻，好像一個怕受到傷害的人終於得到了認同，戰戰兢兢的，其實這是一種扭曲心態，道理跟害怕被遺棄，所以不去愛人一樣。

　　離開文化中心時，只有自己一個。一陣風吹過來，冷冷清清。拿著那個「公仔」走在尖沙咀街頭，漫無目的地不知道應該去哪裏。為何當時不回家跟媽媽慶祝呢？那時已經結了婚，為何不回家跟老婆慶祝呢？已經想不起來了，可能從來沒想過得獎，所以沒有計劃慶祝，白白浪費了這個大好時光！總之夠傻就是了。

　　一個人孤單地在尖沙咀流連，終於在赫德道找到一間酒吧坐下。把獎座放在顯眼處，想看看有沒有人望？沒有。沒有人在意我這個出爐「影帝」的存在，所有人只顧飲酒猜拳。看看手錶，才 12 時多，不算太晚，於是打給 Herman。

「我現在在尖沙咀，自己一個。」我說。

Herman 真是我知己：「哎呀，我都未見過金像獎，好想摸一下，我現在即刻出來。」

他很快來到，拿著獎座仔細端詳一番，「哦，原來金像獎是長這樣！」我知他在逗我開心。我們喝了幾杯悶酒，這就是「影帝」的第一天生活。

我說過拿了影帝後衰三年，是有根據的。第一年，作為一個有責任感的人，會希望自己拍一些好的作品，會開始挑剔，別人也會以為你加價，因而少了很多工作。第二年，發覺這樣不是辦法，開始四處跟人澄清其實我沒有加價，甚麼都肯拍。第三年可能會好一點，但不會一時之間回復正常。到第四年，情況才會真正好轉，這是我的理論。

我何止衰三年，之後好幾年拍的都是垃圾戲，影帝又如何？外界認定了我是拍爛片的人，沒有甚麼好電影找我。我覺得自己也是垃圾，有段時間還想自殺。從家裏可以看到窗外的鷹在飛翔，就幻想自己跳下去。打電話給 Herman 傾訴，他跟我聊到天亮。他經常安慰我：「你現在去睡覺，明天張開眼就沒事了。」果然，第二天起來心情真是好了點，但第三日又變回抑鬱……我反反覆覆地抑鬱，他反反覆覆地安慰我。

拿了金像獎之後，反而更加迷失。我開始覺得這個獎是負累，不想再被它困擾了，於是把它從架上拿下來，當垃圾般扔掉。就這樣過了一段日子，已把這件事忘記了。有一天，不經意地在廁所找到這個獎座，原來媽媽偷偷從垃圾桶撿回來，鬼鬼祟祟地放在馬桶後邊，與廁所刷放在一起！她是怕我找到後又再扔掉，藏在馬桶後邊應該是最不易被發現的地方。

我懂得媽媽的意思，沒有出聲，由得獎座放在廁所。再過了一段日子，開始明白到獎座其實只是一件物件，一直纏繞我的，是自己的心魔。我要扔掉的是自己的認知，而不是一個獎座；要是看不開的話，即使把整間屋燒了都無用！想通了，把獎座從廁所拿出來，放回架上。

　　所以做人的心態很重要，如果有開朗樂觀的心情，可以令不完美的事變成完美；這一次，本來是一件完美的事，是我令它變成不完美。

　　我拿影帝，媽媽當然最開心。她以前曾算命，算命師說她會生個皇帝，媽媽說沒可能，還罵他神經病。我一直以為自己得媽媽溺愛，是她的「皇帝仔」；原來這個「帝」，是影帝，而且不止一次。

　　是甚麼帝都好，現在再也影響不到我了。

想不到這個金像獎，曾一度流落在
黃秋生家中廁所。

03

攝影師不停跟我打眼色，想我把她的內褲全部脫掉。我當然拒絕，我是演員，你若是跟她溝通好，她要是願意的話，我除甚麼都可以；否則，我就是非禮！

爛片的玩法

　　我可說是爛片之王，九十年代的爛片，不少都有我的份，但爛片也不一定一無是處。

　　在聖體小學寄宿時被罰裸體站操場，一直在做噩夢，夢見自己全身赤裸，有家歸不得，十分恐懼徬徨。噩夢纏繞了我二十年，直至 91 年拍《聊齋艷譚續集五通神》**[24]** 才得到解脫。

　　這戲基本上只是賣弄色情，我飾演的五通神不停地咆哮，對白也沒有多少。拍攝時是夏天，邵氏片場沒有冷氣，地方又髒又臭。有個鏡頭要個女演員睡在一張大桌上，下面全是滑溜溜的果凍，她使不上力，所有動作是靠我誇張地捉住她的腰來進行，既要配合位置，也要慎防穿幫，稍微見到膠帶或泳褲，又要再來過，進行一分鐘已滿頭大汗，十分辛苦。

24　《聊齋艷譚續集：五通神》於 1991 年上映，蔡瀾出品人，敖志君執導，其他演員包括陳加玲、一條小百合等。

我是故意去接這部戲的，知道這是自己一定要做的事，只有藉著這個在公眾面前除衫的機會，才可以克服一直纏繞自己的噩夢。果然，拍完之後真的沒有再做噩夢，爛片把我治癒了。

　　我其實很討厭拍這類色情電影，但 90 年代的香港電影市場，都是充斥著三級片和軟性色情。印象很深刻的是之後的一部電影，女主角是香港小姐出身，導演跟她說會把她拍成瑪麗蓮夢露的樣子，但去到現場就不是那回事。攝影師天天拍她裙底，她情緒很受困擾，常來問我：「秋生，你覺得他有沒有拍到我的內褲？」我答：「你說呢？」還用問！拍到一場強暴戲，她穿了兩條內褲，攝影師不停跟我打眼色，想我把她的內褲全部脫掉。我當然拒絕，我是演員，你若是跟她溝通好，她要是願意的話，我除甚麼都可以；否則，我就是非禮！

| 《聊齋艷譚》治癒了黃秋生的童年噩夢

那年代甚麼下流賤格的導演都有。有個喜歡拍女星腳趾的，近鏡也拍，遠景吊過來又拍，拍了半天還在拍腳趾；還有導演在說鹹濕笑話，女演員滿肚子氣。接到垃圾戲演員都很無奈，但對我來說，垃圾戲有垃圾戲的玩法。

《伊波拉病毒》[25] 就是一部垃圾電影，劇情荒謬，對白老套，收到劇本時知道要去非洲拍攝，就問 Herman，監製去不去？ Herman 說他不去。不去就好了，可以拍自己想拍的東西。我們加了很多無政府主義進去，一般人只看到血腥、暴力、色情，其實裏面有很多隱藏訊息，只是沒有人發覺。

有場戲說我偷窺羅莽與老婆做愛，劇本寫我在廁所一邊聞女人內褲，一邊自瀆。我氣得破口大罵，寫劇本的人每逢去到這個位，只會寫聞內褲，好像戀物癖一般，男人自瀆只會聞內褲的嗎？有沒有一點點想像力？

全場鴉雀無聲，Herman 問我想怎樣，我說不知道，但總之就不是聞內褲。這時候現場有人想起，曾聽聞有人用豬肉來自瀆，我一聽立刻說好啊，夠噁心，非常切合這個變態廚師角色。但我嫌不夠，自瀆完之後還要將豬肉煮成肉餅給老外吃，一邊煮一邊陰陰嘴笑，完全表達了長期被欺壓的低下層那種仇恨心態。

劇本能顯示一個人的世界，他在想甚麼，就有甚麼畫面。一個只懂得寫用內褲自瀆的人，永遠只是那個層次。

《伊波拉病毒》其實未算最爛，起碼有好導演，我們正正經經地拍。拍攝氣氛好有趣，我們去到一個平時旅行不會去的地方，見識到平時不會有機會見到的東西。你怎會想到在約翰尼斯堡的豬肉舖門口，會有兩個保安拿著生銹的機關槍？不

25　《伊波拉病毒》於 1996 年上映，王晶監製，邱禮濤執導，其他演員包括成奎安、羅莽、陳妙瑛等。

錯，那城市就是有人打劫豬肉舖！戲中其實有不少黑色幽默，例如我和羅莽在路邊小便遇上獵豹，我大驚：「走慢點，就咬斷你的子孫根啊！」這句便是我加上去。在那個環境，如果不加些好玩元素，實在對不起自己。電影最後爆發疫情，有人穿著白色保護衣在尖沙咀捉人，想不到竟變了 COVID 預言！

我在那麼爛的地方玩得很開心，充滿年輕人的街頭智慧，現在重看都覺得好好笑。這就是 Ming Sir 多年前教的「化屎大法」，在惡劣的環境中將自己化成一坨的屎，種出美麗的花。你不單要做好自己，還要融合環境，令本來差的劇本變成精彩的戲。我可是經歷了差不多十年才明白和做到。

Ming Sir 還有一句教誨，就是「一分不放」。好演員就是要不停地努力，不論環境，不論戲分。垃圾電影沒有框架，喜歡怎樣做就怎樣做，一個沒有框架的創作空間，做演員的豈不加以發揮？我一分不放，每天選擇練習一樣東西，今天練記對白，明天練動作，後天練對白加動作，再練情緒控制……有甚麼好得過有些傻佬給你片酬，讓你嘗試不同東西？

不錯我在那個環境拍了很多爛片，但可以驕傲地說，我不是爛演員。

04

精彩的事情出現了。教堂好像靈堂一樣，一邊是警察，一邊是古惑仔，兩群人互相對望，氣氛緊張，我就從中間走進去教堂後面化妝……他們都是在做同一件事，就是保護我們拍戲！

黑社會對黑社會

我除了討厭拍色情電影之外，還很討厭演黑社會角色。90 年代很多有黑道背景的公司喜歡投資電影，他們覺得只要一有戲就是賺錢。

跟黑社會打交道，有時比電影更具戲劇性。有次一個幫派老闆約我出去談劇本，我單刀赴會，現場所有人都是一身黑衣，老闆還帶來了女伴。他講得眉飛色舞，說一個女仔一開始就被人強暴，然後再被人強暴，之後再不停地被人強暴……我聽罷，就說這個戲不能拍，他身旁的一群古惑仔立刻想起身有所行動，我說：「等等。」然後轉向老闆身旁的女伴說：「嫂子你是女人，如果一個女人不停地被人強姦，是不是很侮辱女性？」

女伴隨即在老闆耳邊說了幾句，他聽後同意修改劇本。兩星期後這老闆被捕，幫派的老大都沒有了，哪有錢拍戲？此事也就此作罷。

像這樣荒謬的事情，多不勝數。有次我們租了一間在上水的教堂拍攝，上水那邊的古惑仔走來收保護費，我們這邊的話事人本身也是黑社會，怎會付錢給另外一個幫派去保護自己？當然是拒絕。大家都深知江湖規矩，拒絕付錢後一定會有人前來生事，於是便派人在教堂門外把風。不出所料，不久之後有個駕電單車的人來到，在教堂附近來回兜圈竄擾。我們這邊早已有人埋伏，於是便走出去，冷不防把鐵騎士狠狠地打了數棍，他左搖右擺的落荒而逃。

　　第二天沒有我的戲分，我沒有回去。原來這天有人來擲汽油彈，濃煙直衝二樓牧師房間，牧師大驚，個個衝出去抓人。第三天回去，精彩的事情出現了。教堂好像靈堂一樣，一邊是警察，一邊是古惑仔，兩群人互相對望，氣氛緊張，我就從中間走進去教堂後面化妝。因為擲汽油彈事件，我們報了警（不錯，黑社會都會報警的），但上水那班古惑仔依然要繼續辦事，於是便出現了這個警察望著黑社會，黑社會望著警察的有趣畫面，他們都是在做同一件事，就是保護我們拍戲！

　　黑社會報警，叫警察來保護黑社會拍戲，因為不想給保護費予另一個黑社會，你說多荒謬！

　　拍戲遇到古惑仔收保護費，是經常發生的事，但有時連古惑仔自己也不知道對手也是江湖中人。我們拍某套電影時，有個道友來收保護費，起初大大聲的十分囂張，我們這邊走出幾個真正的古惑仔，二話不說便拳拳到肉地把道友打得頭破血流，道友一面被打，一面還要笑笑地道歉：「不敢啦大佬！」看見他遍體鱗傷，又有點可憐他。

《古惑仔 2 之猛龍過江》殺青

很多人都記得「大飛哥」[26]，但其實我一點也不喜歡這個角色，因為討厭黑社會，於是把這個角色演得很惹人嫌。

「大飛哥」是個很誇張的人物，一出場就挖鼻屎，都是導演劉偉強要求的，我說隨便吧，你喜歡就可以了。當時只是為賺錢，不拍的話就連機會都沒有。

有幾年簽給了嘉禾電影，有個江湖大哥找我拍戲，他付了訂金，經紀人代我在合約上簽了名，後來江湖大哥跑路，電影沒拍成。

過了幾年後忽然出現另一黑社會公司老闆，拿著當年那份合約叫我拍戲。原來江湖大哥跑路前用 20 萬把合約賣給了兄弟，但我的片酬已比之前漲了很多，不可能用舊價拍戲。我們談不攏，結果報警收場。

過了幾天，有人送了一盆花來我家，花上有張卡紙，寫著「祝黃秋生身體健康」。我一看見這盆花便知態勢不對，立刻報警。那時很多演藝圈人受到黑社會恐嚇勒索，警方十分重視此類案件。

反黑組派了警員來我家駐守了一個星期，生怕對方再來生事。那個涉嫌指使人送花來的黑社會老闆被警方拉了去問話，他跟警方說，自己是真心祝黃秋生身體健康！此事擾攘了一陣子，最後不了了之。

26　「大飛」全名徐飛鴻，是電影「古惑仔」系列中的角色，曾出現在《古惑仔 2 之猛龍過江》、《古惑仔 3 之隻手遮天》、《97 古惑仔戰無不勝》、《98 古惑仔龍爭虎鬥》、《古惑仔激情篇洪興大飛哥》及《友情歲月山雞故事》。

可能我演的黑社會角色深入民心，經常有黑道大哥約我吃飯，以為他們想找我拍電影，原來只是普通吃飯閒聊，想認識我罷了。跟他們聊天其實挺好笑，有時也會有些金句，例如：「沒事就別惹事，有事不要怕事。」也算是一種見聞。

現在那些大佬不是已過世就是在獄中了，黑社會主宰娛樂圈的時代在 97 回歸後也告一段落。

05

這些人完全沒有同理心，人命都不值錢，
何況是動物？生命在他們眼中不是生命，
除了自己需要呼吸之外，其他的都可以不
用呼吸，因為我感覺不到窒息，只是你感
覺到而已。

好刻薄

90 年代中期開始有電影到國內拍攝，最初在深圳寶安區，
後來移師北京電影廠。有段時候我在北京拍戲，見識到的，是
香港人的刻薄。

我們有個負責打點膳食的民工，老闆整天對他呼呼喝喝，
有時甚至用上廣東話粗口辱罵，但他從不吭一句，只是默默地
蹲在那裏切豬肉，為我們煲湯和分配飯盒。我不清楚他的名
字，見他個子瘦瘦的，留有兩撇鬍子，樣子有點像勞勃狄尼洛，
便叫他 Robert。北京的冬天很冷，我和助手去買羽絨大衣，
我見 Robert 穿來穿去只有一件單薄的藍色 V 領毛衣，也買了
一件給他。他是位老實人，只說「不要不要」，我一再堅持他
才肯收下，還千多謝萬多謝。我不以為意繼續拍戲，之後走出
去抽煙，竟然看到他在偷偷的擦眼淚。

「我這一輩子，沒有人送過一件衣服給我。」Robert 說。

原來他以前當兵，退役之後沒有工作，只能做民工。從來只有人對他呼喝，沒有人對他好過，我送他一件大衣，已令他感動流淚。看見他流淚，我心裏亦很難過。

　　還有一個令我很深刻的畫面，同樣在北京，有一天我與朋友走在街上，迎面而來一個穿著軍裝的跛子。他很年輕，大概 30 歲左右，只有一條腿，他戴著帽，一手拿著一隻破爛的碗，一手拿著拐杖，一拐一拐地行。我們已經擦身而過，我心裏突然有點感感然，便叫朋友拿十元給他。朋友回頭追回那人，把十塊錢交到他手中，接著看到的畫面簡直把我嚇呆。他脫下帽子，把手放到腰間，給我一個 90 度的鞠躬，完全是一個紳士模樣。

　　一個乞丐竟然這樣彬彬有禮，我深深感動。那年頭國內民風純樸，相比之下，香港人財大氣粗，品德極差，我們那個

老闆便是這樣。晚上去夜總會消費面不改容，第二天回來還吹噓給了每位小姐幾百元小費；但對民工，他就斤斤計較，非常刻薄。

片場搭建了一條街專賣雀鳥、松鼠之類的小動物，晚上收工，我說一定要把籠子好好遮蓋，不然牠們會冷死的。負責人唯唯諾諾地答應，其實只是在敷衍我。第二天，小動物活生生地凍死了一半；第三天，全部凍死了！我心想，你們這樣對待動物，這部戲怎會好？過往經驗告訴我，但凡拍戲死了動物，票房一定不會好。

他們不把動物的生命當一回事。其中有段戲需要一瓶蛇酒，現場沒有準備，他們就買來一條蛇，把牠塞進酒瓶中，那條蛇掙扎爬出來，他們再把牠塞進去，活生生地浸死為止，殘忍到不得了。如果要老鼠酒，他們大概會捉老鼠回來，然後浸死；如果要條死屍？真是不敢想像。

這些人完全沒有同理心，人命都不值錢，何況是動物？生命在他們眼中不是生命，除了自己需要呼吸之外，其他的都可以不用呼吸，因為我感覺不到窒息，只是你感覺到而已。

但凡演員要求一些安全措施，或提出問題，例如詢問欄杆是否穩固，他們就會覺得你麻煩。難道我應該跌死，那就不麻煩了？那假如我跌跛了拍不了戲，是我麻煩；假如跌死了，那更加麻煩。在他們眼中最好甚麼都不用做，只是賺錢，這樣就最不麻煩。後來學精了，不做好安全措施，我就找替身，說我麻煩就麻煩吧。

這次拍戲還有段小插曲。我飾演的角色養了一隻白貓，雖然有點髒，但很靚，我很喜歡。那次因為戲分超出了預期，我可以額外獲得二十萬片酬。我說這二十萬我不要了，你們替我拿白貓去檢疫，我要帶回香港。他們言之鑿鑿地答應我，但

最終沒有下文，貓沒有了，二十萬片酬後來也不了了之。電影上映時還找記者寫衰我，他們覺得只要有新聞，便會有人看。他們但求出名不擇手段，但如何出名其實很重要，因為會直接影響形象。難道你跟記者說：這個男主角姦淫擄掠的，你們快來看電影吧！哪有這麼愚蠢的邏輯？

這些人思想扭曲，行為卑劣，後來我們也反目了。一如所料，這部電影口碑差，票房差，能怪誰？

那時覺得所有香港人都一定認識黃秋生。假如你不認識，那你肯定沒有香港身分證！

大病之後風光十年

97 年做了近視手術，可能麻醉藥刺激，雙眼腫了起來，眼球凸了出來。困擾了一段日子後，還出現心跳和手抖，樣子好像變了另外一個人；口味也變了，之前從來不吃魚、蔬菜和水果，那時竟然每天只吃魚、蔬菜和水果。媽媽很擔心，以為我鬼上身！眼科醫生轉介我去做檢查，一驗之下，原來甲狀腺功能異常，指數比正常高出了三倍，再不治療的話，眼球真的會跌出來。

我開始服用類固醇，副作用是身體肥腫。最初天天瘋狂地做運動，還穿著塑膠衣服跑步，逼自己出汗，希望保持身形；但一個星期之後實在吃不消，只不過休息了一天，第二天整個人已腫脹不堪。沒有辦法了，惟有無奈地看著自己一天比一天膨脹，好像史瑞克 [27] 一樣。

---

27 《史瑞克》（Shrek）於 2001 年上映，由夢工場動畫公司製作。粵語版由黃秋生聲演史瑞克。

拍《風雲》時甲狀腺病未癒，身形浮腫，幸而外形與他飾演的「劍聖」也頗為吻合。

我增磅速度驚人，短短幾個星期內突然增加了 30 磅，最胖時有 210 磅。雙腳一時間承受不了重量，每行一步腳板都感受到極大痛楚。那時經常覺得肚子餓，而且總吃不飽，拍《風雲》[28] 時片場有人煮了一大鍋泡麵，十多個麵差不多被我一個人吃掉。吃時沒有甚麼感覺，吃完之後大概一小時，肚子就慢慢脹起來，整個人動彈不得，非常恐怖。

　　有時錯有錯著，幸好那時候在吃類固醇，否則拍《G4 特攻》[29] 時，可能已經沒命。有場戲講我逃走，中途有個氣槽掉下來，我和嘉樂（動作指導錢嘉樂）掐好了時間點，氣槽會在我走過後才著地。到正式拍攝時，突然心血來潮，在電光火石之間把頭低下，不消一秒，氣槽就掉了下來，重重的落在我背部。幸好我低下了頭，假如氣槽落在頭頂，必死無疑。現場眾人大為緊張，我叫大家別動我，讓我在地下躺一會。驚魂甫定，感覺到腳趾還能活動，應該沒有傷及脊椎神經，這才站起來。回到家後，始發覺整個背脊瘀青了一大片，可能因為在吃類固醇的關係，身體肥厚有肉，只是氣槽壓下來那一刻很痛，之後也沒有甚麼感覺。

　　這樣的日子並不好過，看見自己的樣子感到很沮喪，有段時間拋下了香港的工作，去了英國進修，順道尋根和體驗生活，讓疲累的精神和身軀休養生息。不久之後收到陳嘉上電話，叫我回來補拍《野獸刑警》[30]。

28　《風雲：雄霸天下》於 1998 年上映，劉偉強執導，其他演員包括郭富城、鄭伊健及千葉真一等。

29　《G4 特工》於 1997 年上映，林超賢執導及監製，其他演員包括張智霖、李若彤、陳法蓉等。

30　《野獸刑警》於 1998 年上映，陳嘉上和林超賢執導，其他演員包括由王敏德、譚耀文、周海媚等。本片獲第 18 屆香港電影金像獎最佳電影、最佳男主角等五項大獎。

我飾演的「爛鬼東」本來沒有太多戲分，最尾那個喊「揿釘華」（《野獸刑警》的黑幫人物）的經典場面，原本是屬於王敏德的。陳嘉上說他去開飛機，不回來了。老外性格嘛，可能比較隨意。導演修改劇本，把很多王敏德的戲分給了我。如果不是加了「揿釘華」那場戲，可能未必拿到影帝。

99 年第二次拿影帝，完全沒有想過會得獎，當時仍然處於生病狀態，現在回想，竟然毫無印象。

甲狀腺病 97 年開始發病，擾擾了整整四年才叫做康復。此時香港電影已開始轉型，不再是暴力與色情掛帥，有很多不同題材的新品種誕生。

2002 年《無間道》[31] 是轉捩點。很喜歡「黃 Sir」這個角色，寫得很好。我沒有在「等」這個角色出現，一切皆順其自然。要多謝林生（寰亞電影老闆林建岳）簽我，讓我也有機會跟大家一起做大事。

《無間道》後成功轉型，從 42 歲開始有過風光十年，拍了很多好電影，再拿了幾個獎，也賺到錢。但現在回望，那時的自己很不好，輕佻浮躁，囂張跋扈，傲慢得不可一世。

那時覺得所有香港人都一定認識黃秋生。假如你不認識，那你肯定沒有香港身分證！

---

31 《無間道》於 2002 年上映，劉偉強和麥兆輝執導，其他演員包括劉德華、梁朝偉、曾志偉等。黃秋生憑戲中黃志誠警司一角獲多項男配角獎，包括香港電影金像獎、香港電影金紫荊獎、香港電影評論學會大獎及台灣金馬獎。

說到底，是幼稚，我也因此經常出醜。有次和秦沛拍戲，閒聊中說起了紅酒，我其實只是略懂皮毛，但洋洋得意地自稱喜歡喝 Lafite。秦沛聽後點一點頭，微微一笑，輕描淡寫地拋下一句：「哦，你喝 Lafite 喔？這麼厲害啊！」

　　他這樣一說，我立刻知道自己失言。人家是見慣大場面的前輩，當然不會當面說我不是。他飲紅酒多過我飲水，我竟然斗膽班門弄斧，實在不自量力。我尷尬得滿面通紅，立刻收聲。之後見到秦沛，必定恭恭敬敬的打招呼，他也很疼我，對我很好。

　　如果今時今日看見當年的黃秋生站在對面，我會很討厭他。當一個人興旺的時候，很容易迷失。我的風光只有十年，某程度上不是壞事，起碼迷失也只是十年。往後的日子，是醒覺、檢討、重整。

| 2009 年黃秋生拍攝杜琪峰電影《復仇》，與法國著名演員 Johnny Hallyday（已故）劇照。

07

從來不覺得去好萊塢拍戲是甚麼中國人的驕傲，我只堅持：你不要欺負我們香港演員！但大前提是必須先做好自己，人必自重而後人重之。當他們發現你的本事，就會 shut up。如果我努力了都得不到尊重，那是對方沒有修養，不關我事。

為何我的英語
要字正腔圓？

　　有西片找我演出，非常高興，能夠見識他們的運作，可以說是大開眼界。以為從此可以去好萊塢發展？其實不會，我拍了幾部電影和劇集，沒有甚麼人知道。去好萊塢的門路一直不太清楚，他們有很多 casting，但我不在那邊生活，很難參與演出，不可能每次要人幫我申請工作簽證。見面是可以的，但試戲是需要特定的環境。

　　《The Painted Veil》[32] 跟《Mummy 3》[33] 兩部電影都沒有 casting，反而電視劇 Strangers（前名《White Dragon》）[34] 導演來了香港見面，當時還未知道會得到角色。其實我好討厭 casting，你有甚麼資格評審我的演技？不是覺得自己很了不起，但我已有一定的知名度和工作量，想知道我拍過甚麼戲可以上維基找資料，上網也可以看到。我去過幾次 casting 之後就不再去了。

《The Painted Veil》是在廣西黃桃古鎮拍攝，沿途都是石路，由桂林出發車程要三個小時，車子開得很慢但仍顛簸得厲害，若然坐得不穩，隨時被拋上車頂，然後像煎魚般翻面落下！古鎮風景優美，但只有一條小街，沒有甚麼設施，當地人竟然在播 Michael Jackson，而且聲浪很大，影響拍攝，大家都很無奈。

我飾演一名上校，西片裏但凡華人講英文通常有口音，但不知為甚麼當我唸對白時，他們都要求我字正腔圓。我是中國人，有口音很正常，如果要字正腔圓，找個 ABC 不就可以了嗎？很奇怪，這點一直想不通，但有人付錢給我學習，實在太好了！

講英文的確好大壓力，最怕搞錯文法，例如 get me off 和 get off me，是兩個完全不同的意思，遇著一些俚語，真是毫無頭緒。雖然壓力大，但有專人指導，我十分樂意。

---

32 The Painted Veil（《愛在遙遠的附近》）於 2006 年上映，John Curran 導演，其他演員包括 Edward Norton、Naomi Watts 等，影片根據英國作家 William Somerset Maugham 的 1925 年同名小說改編。

33 The Mummy: Tomb of the Dragon Emperor（《盜墓迷城 3》）於 2008 年上映，為《盜墓迷城》系列電影第三部作品，導演 Robert Cohen，其他演員包括 Brendan Fraser、Maria Bello、李連杰、楊紫瓊、梁洛施等。

34 Strangers（《陌路追凶》，前名 White Dragon）於 2018 年在英國 ITV 電視台播出，共八集，Paul Andrew Williams 導演，其他演員包括 John Simm、Emilia Fox、梁佩詩等。

《Mummy 3》在加拿大 Montreal 拍攝，我逗留了幾個月，很享受當地生活。但劇組安排不是太妥當，每天叫我去現場化妝換裝 standby，但總是拍不到我的戲分，想不到去到好萊塢依然像當年在亞視一樣要 standby，十分無趣。白白等了一個星期，見片場有大片空地，反正無聊沒事做，便買了 roller 和棒球來玩。空地對著辦公室，監製看見了，派來了副導演，叫我不要在那兒玩。第二天，我見到監製的女兒在踩 roller，於是跟副導演講：「你知不知道我為何在這裏玩？假如你再讓我在這兒白等，我明天買輛電單車回來！」第二天，他們叫我在酒店 standby，不需要回片場了。其實酒店距離片場只不過五分鐘車程，何必要我天天在片場等？

拍戲就是這樣，凡事要自己爭取，不爭取的話就沒有。跟我是亞洲人無關，這不是種族問題，是關乎你是不是大明星。

還記得其中有場戲在山上拍攝，當時我在山下，離開拍攝位置至少十分鐘路程，他們一直不叫我上去，我心感不妙。終於開始拍了，導演發覺我不在，匆忙叫我上去。我上去後立刻 roll 機，那場戲我有一段演講，幸好我把對白背得滾瓜爛熟，一 take 完成！我猜想，導演可能有心刁難，故意讓我在最後一分鐘才來到現場，如果我稍為狀態不佳，他就有機會發難，責怪我有這麼多時間都未準備好。他沒想到我竟然背熟對白、戲也演足了，有點愕然。這件事之後他對我另眼相看，一直很尊重我。

從來不覺得去好萊塢拍戲是甚麼中國人的驕傲，我只堅持：你不要欺負我們香港演員！但大前提是必須先做好自己，人必自重而後人重之。當他們發現你的本事，就會 shut up。如果我努力了都得不到尊重，那是對方沒有修養，不關我事。

拍完《Strangers》後與劇中多位演員成為好友，如 Jason Wong（中）
及 John Simm（右）。

《陌路追凶》大部分劇情在香港拍攝，圖為秋生與 John Simm 攝於維園。

《Strangers》是英國劇，英國人最大分別是節奏慢些，有禮貌些，日日問你十次 How are you doing？Are you OK？美國人沒有這一套，而且好萊塢製作相對比較公式化，改句對白都要打電話問總公司，十分死板。

劇集大部分在香港拍，他們將油麻地美都茶餐廳變成卡拉 OK，外國人對香港的認知依然停留在八十年代的唐人街，十分老套，我看到都覺得好好笑。老套是沒有得救的，我沒有必要跟你爭拗香港其實不是這樣。這是他們的觀點，不能說人家歧視；難道別人覺得你是一隻烏龜，你就真是一隻烏龜？

甚麼是侮辱亞洲人，我覺得西片中的亞裔女角都要跟男主角上床，白人男人是拯救者，我拯救了你，你要付出代價，所以你要跟我發生關係，這就是侮辱。

幾次拍外國電影和劇集都很愉快，認識了很多好朋友。日後再有沒有這些機會真是講緣分，不是努力就有機會。香港演員不是個個能去好萊塢，我們不是楊紫瓊，長時間在那邊生活。加上語言和文化隔閡，有時候他們說小時候看過的劇集，或看過的球賽，我根本不知他們在說甚麼。其實很正常，每個地方都有自己的文化底蘊，我跟老外說周星馳，他也不會明白。

我倒是有 Little Britain 式的英式幽默。去 London Dungeon 遊覽，老外找隻老鼠嚇我，我氣定神閒跟他說：「We Chinese eat rats!」反把他嚇得目瞪口呆！這樣的文化差異，好玩極了！

08

他這樣做一定有原因，但我絕對不相信他的
動機是純粹愛國。

被絕交

2014 年在上海拍電視劇《梟雄》，一切平淡無味，看著
天，覺得自己是一個久經風浪的航海員，現在卻風平浪靜，希
望上天給我一些刺激⋯⋯不久之後，刺激果然來了。香港發生
社會運動，學生集會期間有人叫我打電話回來講兩句，我同
意，我說希望大家冷靜克制，不要暴力，如此而已。

當時在微博發表了一些意見，豈料加入討論的人越來越
多，言論也越來越激烈，後來演變成罵戰。最初也有跟網民辯
論，嘗試跟他們講道理；後來發覺他們已失去邏輯和理智，說
我顛覆國家，差不多連地球也要顛覆了！總之我說的話不合他
們心意，我就是錯。此時王晶突然在微博宣佈刪除黃秋生的聯
絡，要和我絕交。

真是好笑極了！我跟他從來未在社交媒體上有過交流，我連他的電話都沒有，以前拍他的戲，他是老闆，我是演員，如此而已，大家根本不是甚麼朋友。我拍了這麼多戲，難道個個老闆都是朋友？難道我跟林建岳也是好友？

　　一個根本不是朋友的人說跟你絕交，真是荒謬至極！你不如說不跟美國總統做朋友！

　　我被絕交，突然成為鏡頭的焦點。他這樣做一定有原因，但我絕對不相信他的動機是純粹愛國。與他相識多年，根據以往他說過的話，我很了解他的價值觀，一定別有用心，例如，他可能在拍某部戲，有一些商業理由需要轉移視線，而黃秋生就是最方便就手，同時又最容易令人信服的人物。

這班人憑想像建構了一個黃秋生出來，這個黃秋生對他們來說是有某種功能性的。要把我標籤起來實在太容易了，跟黃之鋒合照，就說我是港獨；去台灣拍戲，就說我是台獨；如果我認識西藏朋友，肯定會說我是藏獨。怎會不信呢？等於很多人看了「大飛哥」便相信我是黑社會；再極端一點，甚至相信我就是「叉燒包」，我就是變態殺手。有段時間連記者都覺得黃秋生是變態的，我到底變態在哪裏？現實顛倒得好嚴重。吸毒？正常；召妓？好正常；講道理？不正常！我不過在講道理，就將我歸邊，可能社會需要一個這樣的矛頭。

　　這個世界總有喜歡賣人血饅頭的人。大導演把矛頭指向我，國內的電影公司跟著風向，都說要封殺黃秋生，香港也沒有甚麼人夠膽找我拍戲。真是諷刺的很，我怎會是港獨？我當年是去保釣的，雖然過程有點荒謬。

96 年參加保釣

96 年，大班問我去不去保釣，而我當時覺得這是難能可貴的機會，沒有想清楚就答應了。他說會安排我坐最快那艘船，可以成為第一批搶灘的人。我買了蛙鞋和潛水衣，出發前一晚心情忐忑不安，在床上徹夜難眠，一邊是老婆，另一邊是剛出世不久的大兒子，心裡想：我有命回來嗎？

　　第二天去到台灣參加誓師大會，始知道最快那艘船留了給電視台，我只能乘另外一艘。出到公海翻起五、六級巨浪，我暈船，由晚上嘔吐到天亮。我們本來是最先出發的，但不知為何越駛越慢，變成最後那艘。船上有個隊長叫我幫忙插旗，第一支寫著「孫中山」，明白啊；第二支寫著「李小龍」，應該是李小龍在電影中打日本仔，這個也明白；第三支寫著「唐明皇」，我百思不得其解，保釣關唐明皇甚麼事？船主答：「唐明皇那時候對日本人供書教學，這班人現在竟然忘恩負義……」我啼笑皆非，原來自己跟這樣的人混在一起，十分吹脹（粵語，即無可奈何）。

天亮了，終於看到釣魚台島，已見長毛他們在前面搶灘 [35]，我們依然停在最後。我沒有份搶灘，船主說前頭命令我們在後方守候，引開直升機，山長水遠來到，竟然甚麼都做不了，極度無奈。看著日本自衛隊直升機和巡邏船來回攔截，又發出警告，海面水花四濺氣氛緊張，但我可以做的只是向著他們舉中指，真是傻到不得了！

　　回程時我們也是落在最後，大海一望無際，只有我們一隻孤舟和幾條中華白海豚。回去之後他們已慶功完畢，我餓得發慌，但一點飯菜也沒有留給我們，我生氣極了！

　　回到香港，記者夾道歡迎，個個叫我英雄。英甚麼雄？我只是去到戰場旁邊放鞭炮，跟著回家，別人就以為我打過仗，根本整件事是個笑話。我很不甘心這次行動就此結束，聯絡了亞視做訪問，訴說這次經歷的種種不公平待遇。那時仍與無綫有約，他們見情況特殊，也沒有干預。大班再打電話來罵我，問我是不是想做英雄，當然大家都想做英雄，重點是你答應過我的事做不到，連一聲交代都沒有，能怪我生氣嗎？

　　當年參加保釣，因為年輕，有滿腔熱誠，豈料只是傻頭傻腦的去，怒氣匆匆的回來，但這經驗實在有趣。我從來不是搞社會運動的人，也沒有支持誰和不支持誰，但因為身分問題，很多時候是政治找上門來。有件事一定要澄清，就是我不是「梁粉」。

35　1996 年，香港全球華人保釣大聯盟陳毓祥等五人隨保釣號貨輪在 9 月 26 日抵達釣魚台海域，被日本警船攔截，五人跳海示威，其中陳毓祥遇溺身亡。陳毓祥逝世激發港、台兩地的保釣行動，10 月 6 日，即陳毓祥舉殯當日，台北縣議員金介壽和香港立法局議員曾健成於基隆租了上千艘漁船出發駛往釣魚台列嶼，參與者在 10 月 7 日成功登陸釣魚島。這次由香港出發的保釣成員除黃秋生外，還有「長毛」梁國雄、司徒華等。

事緣是我在任演藝校友會主席期間，得知校友會欠學校接近兩萬元，主要是一些行政費用，學校說不追究，但往後的日子不能再幫助我們。那時校友會沒有規模，連開會的地方都沒有，我深感不平，誓言要一年內將錢全數還給學校之餘，還要有基金留給日後運作。

　　我們找來舊生辦音樂會，四處發出邀請，希望一些官員來撐場，沒有人肯來，除了梁振英。他當時是我們友誼社的成員，有他蒞臨當然很高興，大家因此認識了。後來他打電話來，說有新書發佈，希望我也可以去撐場。他之前幫過我，人情上應該去支持一下。新書發佈地點在皇后像廣場，去了才知原來所謂的新書，是他的競選政綱！我很愕然，但已經去了，只能坐在那兒。記者拉我們合照，結果就說我是「梁粉」。

　　後來我當選藝術發展局戲劇組別主席[36]，同一時期梁振英是特首，因為藝發局公職的身分，我不時出席禮賓府的聚會，「梁粉」之說就更加言之鑿鑿。

　　大家一直對我有很多誤解。以前我是「梁粉」，現在是港獨人士，這兩者，本身已是矛盾。影響不是即時的，但慢慢就發覺自己變成一個傳說中的人物，形象是被別人建構出來的。

---

36 2013 年 10 月，黃秋生首次參選香港藝術發展局戲劇組委員，以 936 票擊敗連續兩屆自動當選的古天農，成功當選。

在任香港演藝學院校友會主席期間，經常帶領校友參加活動。

攝於 2011 年校友會主辦籌款音樂會《音樂馬拉松》活動上

09

戲裏戲外淪落人

最初，我們嘻嘻哈哈的看得很開心，還在研究哪些有打碼，哪些無碼；看到第三支的時候，已經沒有甚麼話題；四、五個小時後，看到第十支，除了電視聲之外，完全寂靜。我問 Paul：「你有沒有反胃？」他答：「有啊！」我們這才停下來。沒想過看 AV 會看到反胃！

　　拍《淪落人》[37] 的時候已知道這部戲會成功，道理正如當年《叉燒包》一樣，當戲裏所有人都很出色的時候，便能成就一部好電影。Crisel（女主角姬素・孔尚治）演得多好，大家都看到。我和李璨琛也很有默契，可能大家有所不知，我和他看 AV 那段情節，是我的親身經歷。

　　話說當年仍未入行，百無聊賴跟老友 Paul 在街上閒逛，遇到另一朋友，他在賣色情光碟，手中拿著兩大袋剩貨，問我們有無興趣要。我和 Paul 如獲至寶，當時我在灣仔租了一個小房間，Paul 便提議上我那裏看 AV。最初，我們嘻嘻哈哈的看得很開心，還在研究哪些有打碼，哪些無碼；看到第三支的時候，已經沒有甚麼話題；四、五個小時後，看到第十支，除

37　《淪落人》於 2018 年上映，陳小娟首次編導，陳果監製，是香港「首部劇情電影計劃」第三屆大專組得獎作品，為同年亞洲電影節開幕電影。黃秋生憑此片第三度獲得香港電影金像獎最佳男主角獎，其他獎項包括新晉導演及最佳新演員。

了電視聲之外，完全寂靜。我問 Paul：「你有沒有反胃？」他答：「有啊！」我們這才停下來。沒想過看 AV 會看到反胃！我把整袋光碟給了 Paul，從此之後沒有再看，這次 AV 經驗既是開始也是終結。

《淪落人》只寫我和李燦琛在看 AV，但小娟（導演兼編劇陳小娟）是女性，不知道看得太久是會反胃的，這段情節是我加上去。

我經常嘲笑自己，戲裏戲外都是個淪落人。電影中，是明癱；現實裏，是暗癱。我是拿最多獎、但最少工作量的影帝，電影圈把我流放，令我收入大減。這時候經紀公司 ³⁸ 需要我償還預支了的片酬，我得重整自己的生活。

---

38 2013 年黃秋生加入英皇娛樂，合約於 2023 年結束。

多年來我在大坑租了一個房子，是自己的小天地，隨時可以畫畫、寫書法、聽音樂，晚上可以喝酒，甚麼時候睡覺和起床都可以，自由自在無拘無束。好聽一點，是寫意、是享受人生；實際上是糜爛，是不思進取，每個月交幾萬元租金不過在吃吃喝喝，慢慢就在那兒腐化。經濟危機出現了，我得節省開支，不能再租了。

　　搬家好頭痛，單是書本，數量多得三世也看不完。以前讀書少，對書一直有情結，長大後甚麼書都看，武術、哲學、社會學、歷史、廚藝，床頭永遠一大堆書，老婆笑我似考狀元。衣物也是多得不得了，有些買回來只穿了一次，有些甚至不知去了哪裏。那刻才發覺，原來以前的生活方式太不像話，買東西不看價錢，只是吃喝玩樂亂花錢。要不是有了危機感，也不會覺醒。

　　可能上天覺得我拍戲拍得太多，要停一停；又或者這種生活方式太糜爛，要轉一轉。能夠早點警醒也是好事，只恨有五、六年時間放棄了自己，沒工作的日子應該做運動、看書，把身體養好，不應該浪費生命，學插花都好，起碼學多一門手藝。近幾年才痛定思痛，重新面對和整理自己。

　　現在該住有得住，該吃有得吃，困難都能夠解決，一切皆好。近年血壓高，飲食要很小心，天天大魚大肉也無福消受。

　　其實人生不是只有一條路或一種生活模式，以前賺很多錢，但很無知、很庸俗。近年雖然經濟環境沒有以前好，但心安理得。我忠於自己，做回自己，別人誤會我又如何？我都不認識這些人，不會為不認識的人而煩惱。

《淪落人》中黃秋生飾演的昌榮因工傷導致半身不遂，與姬素孔尚治飾演的菲傭 Evelyn 發展出一段主僕情誼，感動人心。黃秋生憑此戲奪第 38 屆香港電影金像獎最佳男主角，為他第三次獲得此殊榮。

10

如果我還在香港汲汲營營地拍戲,一定不會有這些體驗。有時候一個人的得益不一定在金錢上,精神上的得益可以更滿足,台灣就是給我很多抽象的得益。

無自卑情緒

一個人身體受傷了,只要咬緊牙關,最終還能站起來;但若然心靈受傷了,如何咬緊牙關?當世上沒有地方再需要自己的時候,人生會好悲慘。很慶幸在低潮時,在台灣找到一個落腳點,令心靈得以治癒。

以往去台灣都是來去匆匆,身邊有人簇擁,住最美的飯店,吃最好的美食,去誠品只能逗留兩個小時,之後要去應酬……所有圍繞著自己的東西都很金碧輝煌。2020 年獨自到台灣工作,反而看到另一番風景。

一般人覺得我是因為香港沒有工作,所以落難去台灣。最初,這念頭的確一閃而過。有這種感覺很正常,但落難之後有沒有自卑呢?沒有,這是修行。假若我還年輕,或許會因為失去了前呼後擁而感到不開心;現在經歷多了,已經沒有這樣的情緒。我住民宿,自己照顧自己,反而覺得很貼地,生活本應如此。雖然沒有助手,但台灣朋友把我照顧得很好,我很有福氣。

我只是單獨一個人而已，並不是孤單落寞。人的價值在於本身的修養，不是靠外界吹捧。皇帝就算沒有飯吃，都是一個皇帝；乞兒就算住在皇宮，始終是一個乞兒。我即使在街邊戳魚蛋，內裏的底蘊和豐富的人生經驗，沒有人能拿得走。一個人的聲音再響、拳頭再重，都不及內心強大。

　　台灣人不是因為我被香港電影遺棄而幫我一把，他們不是出於可憐，不是這回事；他們是純粹出於欣賞和尊重，我很感激。沒有期望一去到就可以拍電影，或會有很多劇集，我不會這樣天真。我的國語未必百分百講得純正，對當地的流行文化又不盡了解，台語又不懂，很多角色都做不來，只適合演一些由香港過去的台灣人。他們接受我，已經很好。很多人以為我已移民台灣，我已解釋過很多次，我從來沒有離開香港，在台灣只是工作。

　　2020 年拍飲食綜藝節目《開著餐車交朋友》[39]，是一個很難得的主持經驗。以往對台灣的認知只是台北，那次除了台北外還去了台中、台南、花蓮和高雄，認識了很多新朋友和見識了很多新地方，知道哪裏有哪種食材，令我增廣見聞，眼界大開。之後劇集《四樓的天堂》[40] 也是一個很好的演出機會，我演一個由香港過去的推拿師，很切合身分。認識了一班好朋友之外還真的學會了推拿，而且手勢不錯。

　　這兩年台灣之行正值疫情，每次回來香港都要住防疫酒店，我趁隔離期間練習吉他，現在技術已大大提升。還有彈琴，以前學過一陣子，那時候把琴譜拿出來練習，手指竟然有記憶，現在也彈得有板有眼。

39　《開著餐車交朋友》是台灣 LINE TV 於 2021 年首創的餐車美食實境綜藝節目，黃秋生主持了兩季，每季 12 集。

40　《四樓的天堂》由陳芯宜執導，其他演員包括謝盈萱、范少勳、王真琳等，全劇 10 集，台灣公共電視台及其他網路平台於 2021 年 10 月 9 日首播。

如果我還在香港汲汲營營地拍戲，一定不會有這些體驗。有時候一個人的得益不一定在金錢上，精神上的得益可以更滿足，台灣就是給我很多抽象的得益。

　　《白日青春》[41] 拿到金馬獎更是喜出望外，沒有大公司幫忙拉票，想不到第二輪投票獲得全數一致通過。評審說我的演技不著痕跡，沒有經過雕琢，很感謝他們。

　　我看電影時其實非常驚訝，我演的陳白日有好些表情和神態很像媽媽，尤其是她過世之前癱瘓在床那幾年。我不是故意的，拍的時候知道飾演一個老人，故無須修飾外表或做運動練肌肉，皮膚沒有保養，頭髮、眉毛與鬍鬚也不修剪，晚上收工肚子餓，還吃兩個漢堡才睡覺，反正角色又老又肥。可能當時沒有做運動身體差，行動不太靈活，又經常眼濕濕的，看起來像老人家患有白內障。以上種種加起來，反而成了神來之筆，把男主角那種頹廢和狼戾表現了出來。

　　可能是心理狀態影響，有這樣的感覺自然會有這樣的外表，有這樣的外表自然會有這樣的演出。演戲到某一程度會不自覺地出現這種境界，是生活經驗累積得來。

　　這次得獎終於很有印象，很多人來恭喜我，慶功搞了一晚，去了很多 party，做了很多訪問。遺憾是媽媽看不到我拿金馬獎，不能跟她分享喜悅。黃秋生跟陳白日一樣，人生處處留遺憾，這就是真實的人生吧。

---

41 《白日青春》於 2022 年上映，劉國瑞編導，其他演員包括林諾及周國賢等。本片獲得第 59 屆金馬獎最佳新導演、最佳男主角以及最佳原著劇本獎項，林諾憑本片獲得 2022 年度香港電影導演會年度大獎最佳新演員獎，以及第 41 屆香港電影金像獎最佳新演員獎。

黃秋生在《白日青春》裏演一名廢老，與新演員林諾合作愉快。

黃秋生看到自己的造型，想起了媽媽。

希望有朝一日大家覺得中國文化是寶藏，演員不是戲子。

我是黃藥師

　　我很喜歡研究角色，演戲最有趣的地方，是做完之後無論在思考上或學問上都有所得著。如果演完之後仍然是一片空白，那日子就是白過。

　　自從甲狀腺病痊癒後，眼睛依然有點凸出，反而覺得自己的樣子沒有那麼像老外，飾演一些中國歷史人物更有說服力。

　　葉問 [42] 是我很喜歡的一個角色，劇本寫得很好，可能觀眾嫌武打場面不夠，少了官能刺激，但我卻很欣賞劇本寫出了葉問的宗師氣派，尤其他的品德和儒雅。我花了一年時間去籌備和研究角色，練習佛山口音，還親自上廣州拜會「米機王詠春拳」傳人黃念怡師傅，跟他學詠春。

42　《葉問：終極一戰》於 2013 年上映，邱禮濤導演，其他演員包括袁詠儀、鍾欣潼、陳小春等。

自小學習大聖劈掛，前為師傅陳秀中，黃秋生右邊為師兄周強。

我曾在國內拍過劇集《楚漢爭雄》[43]，飾演劉邦，這亦是我非常喜歡的人物。這人輕佻、好色、品德差，最初只是一個小流氓，沒有甚麼大志；唯一成就是天生好命和朋友多，而他又揀對了朋友，時勢成就了他做領袖。我看了很多關於劉邦的書籍，覺得自己完全做到一個流氓。

性格上，覺得自己是一個黃藥師[44]。驕矜自負，不理世俗眼光，天文地理都懂一些。我的確是一身癮，懂的功夫包括大聖劈掛、西洋拳擊、空手道、太極、詠春、劍術；會彈奏及吹奏的樂器，有鋼琴、吉他、口琴、二胡、笛子；我還會騎馬、紫微斗數，閒時愛畫畫寫書法，對烹飪也有研究。

有一年在武夷山拍戲，下山時見到街邊有人賣茶壺，造型很美，原來叫供春壺，物件本身沒有甚麼價值，但玩味很有價值，便買書回來研究；見識了大紅袍，又迷上了茶道。我這叫皇帝興趣乞兒命，小時候家裏明明很窮，但老是愛挑最貴的玩意，歷年來有很多古靈精怪的收藏，外婆在生時比喻我為「屎坑關刀」，即是聞（文）又不行，舞（武）也不行，真是絕妙。

我只是沒有黃藥師那麼有錢，假如有個桃花島，我才懶得理你。但我承認有時候我沒有黃藥師的灑脫，有些事仍然是介意的，尤其是文字，很容易觸動我。

自從社會運動之後，很多人喜歡來我社交平台表達意見，支持我的與撩是鬥非的都有。可能有些人生活無聊，沒有人和

---

43 《楚漢爭雄》於 2012 年上映，其他演員包括任程偉、金晨、柯藍等。

44 黃秋生在 2008 年《射鵰英雄傳》中飾演黃藥師，其他演員包括胡歌、林依晨、袁弘、劉詩詩等。

他互動，需要找一些出名的平台刷存在感，很多時候網民之間甚至會互相指罵。對於那些無的放矢，以前會覺得被侮辱，會跟他們辯論；現在不會了，因為他們沒有資格。媽媽以前經常教我，街邊有瘋子罵你，你會不會跟他對罵？當然不會，越跟他們辯論，他們越自我膨脹。但遇上毫無邏輯的撒野，偶爾也難免會生氣。

曾經有個態度友善的網民在我社交平台留言之後，被另一網民「教訓」：「跟戲子講話，不用這麼卑微！」網民回覆：「你說人家是戲子，你是不是也很沒禮貌？」

我跟這個網民說，這些人，不用跟他爭拗。他覺得不用對戲子卑微，即是說對方不是戲子的話，他就會卑微，因為這人習慣了卑微。

我入行四十年，最意難平的是很多人稱呼從事演藝工作的人為「戲子」。戲子其實是蒙古人和滿州人對漢人的一種侮辱，之前演戲的叫伶人，身分地位很高，備受尊重，唐朝有《霓裳羽衣曲》，是皇帝欣賞的曲目。在外國，出色的演員會被冊封為爵士。但在我們中國文化裏，演員是戲子，等於說演員是乞兒、是垃圾，我們居然用外人對漢人的侮辱言詞去侮辱自己人，可悲啊！我熱愛中國文化，覺得很心痛。

真正的演員會對藝術有追求，對自己有要求。希望有朝一日大家覺得中國文化是寶藏，演員不是戲子。

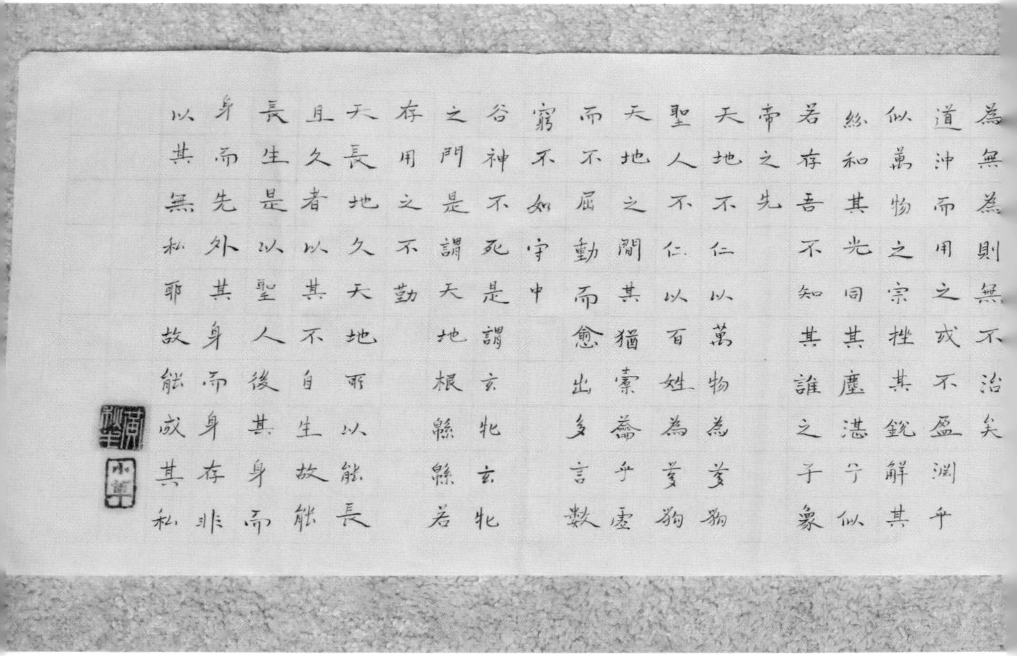

道沖而用之或不盈淵
似萬物之宗挫其銳解其
紛和其光同其塵湛兮似
若存吾不知其誰之子象
帝之先
天地不仁以萬物為芻
狗聖人不仁以百姓為芻
狗天地之間其猶橐籥乎虛
而不屈動而愈出多言數
窮不如守中
谷神不死是謂玄牝玄牝
之門是謂天地根綿綿若
存用之不勤
天長地久天地所以能長
且久者以其不自生故能
長生是以聖人後其身而身
先身而先外其身而身存非
以其無私耶故能成其私

| 黃秋生的字畫

道
可
道
非
常
道
名
可
名
非

常
無
名
天
地
之
始
有
名

萬
物
之
母
常
無
欲
以
觀
其
徼

妙
常
有
欲
以
觀
其
徼
兩

者
同
出
而
異
名
同
謂
之
玄

眾
妙
之
門

天
下
皆
知
美
之
為
美
斯
惡

已
皆
知
善
之
為
善
斯
不
善

已
故
有
無
之
相
生
難
易
之

相
成
長
短
之
相
形
高
下
之

相
傾
音
聲
之
相
和
前
後
之

相
隨
是
以
聖
人
處
無
為
之

事
行
不
言
之
教
萬
物
作
而

不
辭
生
而
不
有
為
而
不
恃

功
成
不
居
夫
唯
不
居
是
以

不
去

不
尚
賢
使
民
不
爭
不
貴
難

得
之
貨
使
民
不
為
盜
不
見

可
欲
使
心
不
亂
是
以
聖
人

之
治
也
虛
其
心
實
其
腹
弱

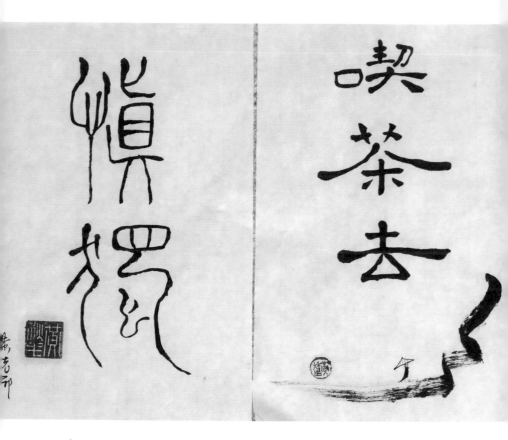

黃秋生的字畫

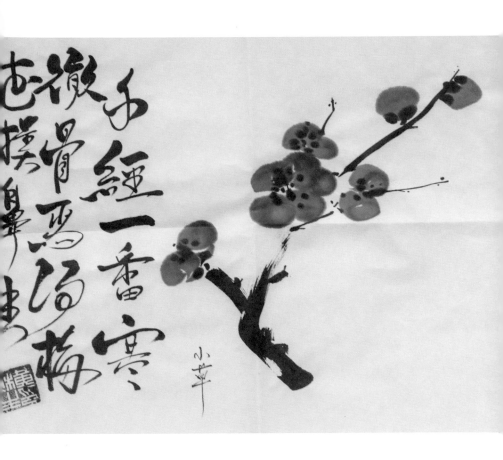

Dionysus（狄奧尼修斯），古希臘神話中的酒神，掌管喜樂豐收，布施歡欣慈愛，也是希臘戲劇文化的守護者。

2013 年，黃秋生與演藝學院同門張珮華及甄詠蓓成立「神戲劇場」，英文名就是 Dionysus Contemporary Theatre。他是藝術總監，是演員，也是導師。十年來製作了《Equus 馬》、《狂揪夫妻》、《仲夏夜之夢》、《搞大電影》、《夕陽戰士》、《Art呢》；也舉辦了四屆演技大師班和兩屆監製訓練班。

通過舞台製作與藝術教育，「神戲劇場」帶給觀眾的不單只是歡樂，還有精神上的富足。

黃秋生深信，有人的地方，就有希望。經歷過十年風吹雨打，劇團正茁壯成長。他自己，也找到該走的路。

01

不如自己做

「神戲劇場」的方向一直很清晰，一定是要娛樂，但我要的不止是娛樂這麼簡單，還要把藝術品娛樂化，推出流行市場。正如畢卡索，他的作品是在一個流行市場裏銷售，但同時也是藝術品。

　　我 22 歲開始演戲，從影四十年，很多觀眾對我的認識都是來自電影或電視劇；但我在舞台方面更有追求，舞台劇能帶給我另一種滿足感。

　　成立「神戲劇場」的契機，源於 2012 年舞台劇《極地情聖》[45]。當時我是劇中演員，看到此劇無論在製作及行政方面都頗有不足的地方，於是臨時找來相識多年好友 Joyce（劇場監製張珮華）幫忙，她重新安排宣傳、票務、海報拍攝及設計等事宜，她很熟悉劇場各部門運作，整個劇最後順利演出。

---

45 舞台劇《極地情聖》Enigma Variations，Eric Emmanuel Schmitt 編劇，2012 年版本由大舞台劇團主辦及製作，於香港公演，李偉祥導演，黃秋生及梁祖堯合演。

2012 年與梁祖堯合演《極地情聖》，祖堯在排練期間生日，秋生送上蛋糕慶祝。

| 2013 年「神戲劇場」成立

事後靈機一觸，既然人才已在身邊，何不自己做？於是拉攏了 Joyce 和 Olivia（甄詠蓓）籌組劇團，跟她們說了我的想法，大家一拍即合。整件事由萌生念頭到正式成立，不過三個月，當時只是開了幾次會，定下了大概的發展方向，沒有甚麼長遠計劃。現在回想，我們其實是三個天真的臭皮匠聚在一起，剛巧大家都有時間，沒有太多計算，也沒有想過將會面對多少困難。很多時候一件事的成功是因為沒有太多計算，如果我們當初想太多，可能未必成事。

為劇團起名的時候，想到 Dionysus（狄奧尼修斯），這是古希臘神話中的酒神，也是希臘戲劇文化的守護者。既然選了一個希臘神，我們又是演戲，「神戲」二字便應運而生。加上廣東話「神戲」與「神氣」同音，聽起來很神氣。

「神戲劇場」的方向一直很清晰，一定是娛樂，但我要的不止是娛樂這麼簡單，還要把藝術品娛樂化，推出流行市場。正如畢卡索，他的作品是在一個流行市場裏銷售，但同時也是藝術品。我們希望觀眾在享受劇場帶來的歡樂之餘，還能獲得精神上的滿足。

歷年來我們的劇目以外國翻譯劇為主，因為外國戲劇已有多年文化底蘊，寫作方面一定有過人之處，寶藏已經在，只待發掘出來。香港不是沒有好的劇作家，但沒有那種幽默感及深度。假設寫一個以長洲為背景的故事，情節上已有很多限制，即使可以撇除古典音樂、希臘神話等元素，香港沒有奧林匹斯山，只有太平山，用香港做背景只能在本地演出，不夠宏觀和世界性，去不到台灣，去不到歐洲，其他地方的觀眾不會有共鳴。

找 Olivia 做「神戲劇場」藝術總監，出於欣賞，看她做戲很多年，越做越出色，對她很有信心；找 Joyce 是因為我之前做演藝校友會主席時已跟她並肩作戰了好幾年，加上經歷了《極地情聖》一役，行政總監這位置對她來說最適合不過。說起來，與 Joyce 識於微時，她 1992 年加入香港電影金像獎做總幹事，94 年我首次憑《人肉叉燒包》獲影帝的得獎信封便是經她手上拿的。此外，我們還有一段淵源也頗為有趣。

真正認識 Joyce 是 1993 年，拍《東方三俠》⁴⁶ 的時候，她走來自我介紹：「我是你演藝師妹呀！」第一印象是覺得她挺漂亮，她在演藝讀表演系，剛剛畢業，演過電影後發覺自己不喜歡幕前，於是跑來做助理製片。

我們當時在荃灣一個荒廢了的汽水廠拍攝，現場沒有冷氣又經常放煙，環境很惡劣。最令人難以接受的是廁所，經常淤塞，Joyce 被指派把硫酸倒進去通廁所。助理製片其實就是片場打雜，甚麼雞毛蒜皮的事都要做，我見她好像很可憐，便跟她聊起天來。

「辛苦啊？忍一下啦，我也是在等就位。」我安慰她。

當時我在電影圈做了三、四年，大部分時間仍處於「等」的階段，但都算開始與一線演員沾上了邊。此話怎說？我們那時有一張專門用來擺放手提電話的桌，這桌放在導演旁，那年代的手機大如水壺，誰的「水壺」能夠放上桌上，就代表你是自己人。當時夠格放「水壺」上去的只有幾個人，導演杜琪峰的放中間，旁邊有楊紫瓊和梅艷芳，最旁邊還有一點點位置，我的「水壺」剛剛好夠放。雖然如此，我仍然是黏著塊爛面由朝等到晚，不時與 Joyce 閒聊，越聊越投契，大家成為好友。

---

46 電影《東方三俠》於 1993 年上映。杜琪峰導演，其他演員包括梅艷芳、
楊紫瓊、張曼玉等。

有次她跑來求救，說有人在追求她，但她對那人一點好感也沒有，但礙於對方也是圈內人，她不知怎樣拒絕。她約了那人在銅鑼灣皇室堡 [47] 見面，我扮她男朋友出現，那人見狀十分無趣，當然是知難而退。

　　這已是三十年前的往事了，當年的小妹妹如今是我的拍檔。「神戲」這十年來我們經歷了不少風浪，非常不簡單。

| 黃秋生與張珮華在 1993 年拍《東方三俠》時認識

---

47 皇室堡屬華人置業旗下，1992 年開幕時找來周星馳、張曼玉、楊紫瓊、郭富城、梅艷芳、周潤發等當時一線巨星出席，當中的一間 Karaoke 餐廳更是明星娛樂場所，當天張珮華與黃秋生就是在那兒與張珮華的追求者見面。

02

是我們高估了自己，演莎士比亞，宣傳上已經很困難，其實全世界演莎士比亞好看的，只有英國人，其他人做不到；正如演京劇好看的，只有北京人一樣的道理。

一直用錯力

「神戲劇場」成立初期，我們打算一年製作一齣舞台劇，在選擇劇目方面很謹慎，始終是自負盈虧的機構，人手和資源有限，應付不了三十人的戲，也應付不了一個戲轉十個景的大場面。

2014 年創團演出，我們選了《Equus 馬》[48]。故事講述一個精神科醫生通過治療一個迷戀馬的少年，從而反思自己的人生。這是我們讀演藝時認識的劇本，故事非常精彩但同時非常難演，大家都想以這個劇來打響頭炮。

---

[48] 《Equus 馬》於 2014 年 5 月公演。Sir Peter Shaffer 編劇，甄詠蓓導演，張珮華監製，演員包括黃秋生、張敬軒、方皓玟、陳永泉及伍潔茵等。

2014 年創團演出《Equus 馬》

《狂揪夫妻》反應熱烈，叫好叫座。

我們找了張敬軒演劇中那個迷戀馬的少年。找他的原因，不單是出於商業考慮，我看過他的舞台演出，十分出色。他是一個很有藝術觸覺的人，一口答應。然而，他當時在舞台方面的經驗尚淺，這個角色難度極高，我們花了很多時間和心思指導他，他亦非常努力。在娛樂層面上，這次演出是成功的；但在藝術角度上，一開始就做錯了。我不是不滿意軒仔的演出，我是不滿意自己。這個戲的重心不是在說一個瘋了的少年，而是一個妒忌的醫生，這方面我完全做不到，對自己很失望。

第二次演出是 2015 年《狂揪夫妻》[49]，首演除了我之外還有吳君如、潘燦良和 Olivia，Olivia 兼任導演。這個戲需要大量動作，有夫妻拉扯打罵場面，很花氣力。君如很緊張，很害怕自己演得不好。到演出時，她跳過了三段，我和潘燦良你眼望我眼，我們巧妙地互相補白，之後君如竟然懂得跳回原本的對白，把我們嚇得驚心動魄。舞台表演充滿這種緊張刺激，現在回想，非常有趣。

《狂揪夫妻》首演時已有重演計劃，但了解到君如的檔期，我們找來了蘇玉華。她是一個非常出色的舞台劇演員，但那次我見她每次到某一段，表現總是力有未逮，我知道以她能力一定能夠做到，所以特別在意，可能當時我語氣重了，令她發了場脾氣，大家有點尷尬。後來大家溝通過，很快便沒事。演員有時難免經歷一點阻滯因而影響情緒，都是小事，無損我們友誼，亦無損我對她的欣賞和愛護。之後我們一起拍電視劇《梟雄》，她飾演我太太，我們還是極有默契。

---

49 《狂揪夫妻》God of Carnage，於 2015 年 8 月首演，2016 年 1 月重演，
2016 年 2 月於新加坡公演。Yasmina Reza 編劇，甄詠蓓導演，張珮華
監製，演員包括黃秋生、吳君如、潘燦良、甄詠蓓及蘇玉華。

經過了《Equus 馬》和《狂揪夫妻》，賺到一點點錢，於是開始發大夢，覺得一個劇團必須做一些經典劇目，說到經典，當然是莎士比亞。我們選了《仲夏夜之夢》[50]。這個戲有很多肢體動作、雜耍和凌空吊掛動作，需要長時間嚴格排練，演員由排戲開始已很辛苦。在香港首演後我們被邀往新加坡參加「華藝節」演出，雖然很多演員已受傷，但還要忍痛排練，非常感激他們的付出！

　　是我們高估了自己，演莎士比亞，宣傳上已經很困難，其實全世界演莎士比亞好看的，只有英國人，其他人做不到；正如演京劇好看的，只有北京人一樣的道理，我們已盡了最大努力。

50　《仲夏夜之夢》A Midsummer Night's Dream，於 2016 年 9 月公演，
　　　 2017 年 2 月於新加坡公演，莎士比亞劇作。甄詠蓓導演，張珮華監製，
　　　 演員包括黃秋生、余安安、林德信、楊淇及韋羅莎等。

《仲夏夜之夢》劇照

《搞大電影》黃秋生、林海峰及韋羅莎劇照

「神戲劇場」五周年原創劇《夕陽戰士》

《搞大電影》[51] 這個戲其實很簡單，兩個好兄弟本來一起混，有福同享，一個水鬼升城隍，另一個變了擦鞋仔，擦鞋仔見到老友只顧迷戀女秘書，他不再在意自己飯碗，死命提醒老友別被鬼迷……男人的友誼，就是這麼簡單，但可惜有點偏離軌道。

2018 年，我們嘗試了原創劇《夕陽戰士》[52]。早在 2009 年我已有這個劇的構思，曾在開校友會會議的空檔跟編劇龍文康提及過，事隔多年，適逢「神戲劇場」五周年，我們都覺得做這齣原創劇很有意思。這個劇原本有很多獨白，用來交代角色背景，但導演刪減了很多，結果很多地方都不太清晰。當中有個怕鬼的，到底為甚麼？有個老婆嚷著要離婚，又是甚麼原因？還有個腦退化的，小時候原來是數學天才……每個人都有過去，因為老師的離世把他們聚在一起，整件事本來很完整，但現在只是吵吵鬧鬧。還算不錯的是有很多笑點，但沒有美感，沒有詩意，跟我想像中相差很遠。

「神戲劇場」做了五年，一直做得不好，我是有點失望的。正躊躇如何繼續之際，碰巧新冠疫情爆發，我們也要停下來。現在看來不是壞事，可以想清楚未來的路應該怎樣走。跟 Olivia 合作了幾年，這時她已有其他個人發展，也開始淡出。很感激她一直以來的付出，人生在世，聚散離合都是自然而然的事。

51　《搞大電影》Speed the Plow，於 2017 年 9 月公演。David Mamet 編劇，甄詠蓓導演，張珮華監製，演員包括黃秋生、林海峰及韋羅莎。

52　《夕陽戰士》於 2018 年 7 月公演。黃秋生、龍文康編劇，方俊杰導演，張珮華監製，演員包括鄧智堅、張銘耀、邱頌偉、馮志佑及黃秋生。

03

《Art 呃》由掙扎到成功

自從讀演藝時認識了毛 Sir 之後，他一直很疼愛我，看我如兒子一般，他很留意我的演出，常說我在舞台上做得未如理想。他太太胡美儀告訴我，一年前他看完《Art 呃》首演後很生氣，回家後不開燈又不出聲，一個人坐在那裏發脾氣！我的演出叫他很失望，我自己亦很難受。

　　2018 年做完《夕陽戰士》之後，為了想清楚未來發展方向，「神戲劇場」休團了一段時間。2019 年有了《Art 呃》的演出計劃，在翌年 4 月準備拍攝海報之際，卻因疫情關係而被迫延期。2021 年疫情開始穩定，雖然仍有不少限制，但我們衡量過各方客觀條件，覺得可以重新籌備演出。

　　我們選了《Art 呃》[53]，三個老友圍繞著一幅畫發生的故事。這個戲只需要三位演員，場景比起其他製作較為簡單。我們請來陳淑儀和朱栢康，首演在 2021 年 8 月，當時仍受社交距離管制，劇院入座人數上限是 85%，大家一直戰戰兢兢，生怕萬一我們當中有人確診，就要停演，後果將會十分嚴重。幸好十五場演出相安無事，觀眾評價非常高，令大家信心大增，決定翌年重演。

53　《Art 呃》於 2021 年 8 月首演，2022 年 10 月重演《2 呃 22 Art》。
　　Yasmina Reza 編劇，張銘耀導演，張珮華監製，演員包括黃秋生、陳淑儀及朱栢康。

想不到真正的難關，是發生在第二年重演時。2022 年 10 月尾，這時候疫情比前一年已舒緩不少，但入座率依然維持在 85%，而且抗疫措施比之前更為繁複。我們原班人馬上陣，經過一年時間沉澱，在對白及演繹方法上都作出了修改，節奏和情感控制可說是拿捏得更加精準。

　　我們對重演信心十足，萬萬想不到在公演前一天早上，突然傳來淑儀確診的消息，他需要即時隔離七天，大家猶如晴天霹靂。這時候，取消演出是最簡單的解決方案，不過我們不甘心就此向疫情低頭。淑儀的意見是，在這麼短時間內可以代替他演出的，只有導演 German（張銘耀）一個。我們和 German 初步商討後得知有這個可能性，於是立即回劇院準備。German 隨即背誦對白、準備造型、熟習台位。我們排戲至晚上十一時，劇院關門了，German 仍然猶豫，大家惟有圍在停車場抽煙⋯⋯直到他首肯。

| 《Art 呃》於 2021 年首演叫好叫座，於是安排在翌年重演。

《Art 呃》重演渡過難關之餘最後不用蝕本，更有好口碑，秋生認為是「奇蹟中的奇蹟」。

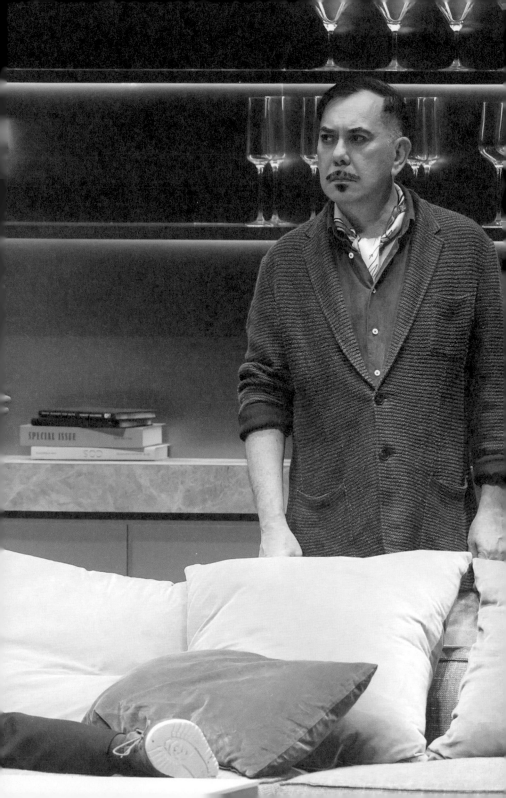

The Show Must Go On！不足二十四小時後正式演出，一切順利渡過，我們都覺得是奇蹟。German 幫忙演了頭兩場，完全體現了劇場人的專業、勇氣和毅力；可是到了第三天，我也確診了，之後五場別無選擇一定要取消。

再次演出，是七天後的事。這七天我們整個團隊的心情皆十分忐忑，既擔心台前幕後的工作安排，也擔心我和淑儀的身體狀況，大家還要馬不停蹄地處理相關的票務事宜。幸好七天後我順利獲得「健康碼」，淑儀也一樣，我倆加上朱栢康三人終於可以正式踏上舞台！

這次除了要多謝 German 的仗義幫忙外，監製 Joyce 和她的團隊更是應記一功。得知我確診後，Joyce 第一時間聯絡衛生署，搞清楚一切申報程序及表演者免戴口罩上台演出的措施等；之後又要跟演出場地商量補場、換場的票務安排。由於淑儀未能演出頭兩場，我們臨時加插了「免費多看一場」計劃，讓買了這兩天門票的觀眾日後可補看淑儀演出的版本。他們要面對成千上萬的電郵及 WhatsApp 查詢，可說是難以想像的頭痛。整個行政團隊都要幫忙處理票務，通宵達旦忙了整整兩個星期。如不是有他們幫忙，這一關肯定過不了。平時見 Joyce 囉囉唆唆，當遇上這等大事時，她溫柔的力量和細心又發揮好大效力，還不停鼓勵我：「別想太多，拚了吧！」

事後才知道，原來她心裏也怕得不得了，因為這次我們是聯合出品人，沒有其他投資者，若取消演出，我倆隨時可以破產！幸好能夠渡過難關之餘最後不用蝕本，口碑還非常不錯，真是上天眷顧，奇蹟中的奇蹟。

這次令我最欣慰的，還有毛 Sir 的讚賞。自從讀演藝認識了毛 Sir 之後，他一直很疼愛我，看我如兒子一般，他很留意我的演出，常說我在舞台上做得未如理想。他太太胡美儀告訴我，一年前他看完《Art 呃》首演後很生氣，回家後不開燈又不出聲，一個人坐在那裏發脾氣！我的演出叫他很失望，我自

己亦很難受。我反覆思量，知道錯在哪裏，在重演時改變了演繹方法，再請毛 Sir 來看，希望他再給我一次機會。演出完畢後他衝入後台，激動地捉住我說：「這次對啦，做得很好呀！」我吁出一口氣，對毛 Sir 說：「我終於真正畢業了！」

第一次演出，是為了取悅觀眾而做，走了一個類似脫口秀的路線，這方向其實是抓錯重點，為了取悅觀眾，只會越走越偏離舞台。毛 Sir 看見我走了條歪路，當然生氣。舞台劇很重視對白，講對白要很清晰，要有劇場感，但又不能太誇張。第二次，我捉住了舞台節奏及演法，既做到舞台效果，但聽起來又很自然。引觀眾發笑的，是這個戲本身的幽默，不是我做一些譁眾取寵的事。這次毛 Sir 終於認同了。

十年磨一劍，做了十年劇團，終於明白怎樣做好一齣舞台劇，也終於知道哪個方向屬於自己。我熱愛的是 Theatre，不是 Stand Up Comedy。《Art 呢》的成功不僅是過了一個大難關，還令我知道日後的路應該怎樣走。

| 得到毛 Sir 嘉許，秋生開心不已。

秋生在《Art 呃》重演最後一場演出的謝幕致詞

劇團既然已生存了十年，不應再視它為路邊小花，應該找個花盆好好地栽培，讓它繼續成長。

有人的地方就有希望

2013 年成立「神戲劇場」的時候，我沒有甚麼願景或長遠計劃，只想一年製作一齣舞台劇，視乎成績再決定第二年是否繼續走下去。

「神戲」這十年的感想，跟我的人生一樣，有很多偶然，偶然之餘還帶點渾渾噩噩。最初不過不失，《狂揪夫妻》賺到點錢，《仲夏夜之夢》全軍覆沒；《夕陽戰士》本來打算是最後一個劇，但求打平離場。因為疫情停頓了將近三年，調整過後以為《Art 呃》可以修復失地，豈料帶來的是驚濤駭浪。歷年來除了舞台演出之外，我們還舉辦了四屆「大師班」課程，Joyce 也辦了兩次劇場監製課程，培育了一群出色的學生，很多畢業後都在業界發展。如此看來，又非常不簡單。

我的心態向來是做一年，算一年；但經歷了這些年、跨過了這麼多難關之後，心態又有了轉變，現在反而在想它的延續性。看見身邊凝聚了一群很有幹勁的年輕人，如果把他們放走了，下次未必回得來。劇團既然已生存了十年，不應再視它為路邊小花，應該找個花盆好好地栽培，讓它繼續成長。

2023 年「神戲劇場」十周年上演《極地謎情》，由黃秋生及游學修主演。

其實我也有責任。十年來只顧台前演出，劇團的實際運作沒有參與太多，很多事不聞不問。自從 2022 年助手離開了之後，我開始領悟，要維持良好的工作關係，首先一定要參與，不能太抽離。人生太短，沒有時間再犯錯。現在會好好把握時機，希望劇團可以長線發展，未來希望放眼國際，去不同地方演出或舉辦大師班課程。

十年前因為《極地情聖》，我們成立了「神戲劇場」；為了紀念十周年，我們決定重演一次，這次取名《極地謎情》。上次的翻譯不是太精準，很多地方胡混過去；這次翻譯的時候不單只注重表面的情節，文字方面也華麗優美很多，只是年紀開始大了，記憶力沒有之前好，背誦的時候感到吃力。

我在想，自己不可能一世站在舞台上擔當主角，如果能夠培育新演員，我做導演，那就最理想。只可惜暫時沒有自己的班底，也沒有徒弟，希望日後能夠有年輕人接班，讓舞台劇能夠傳承下去。

香港政府資助「九大藝團」，另外有藝術發展局資助的中小團，本地藝術發展應該越來越好。可能很多看話劇的人走了，但我們可以培育另外一批觀眾。我曾經有個理念，希望香港舞台能變成紐約 Broadway 或倫敦 West End，亞洲人想看劇，就來香港。這個想法，將來未必沒有可能。

我深信有人的地方就會有希望，有泥土有種子，自然能種出植物。

｜ 黃秋生和游學修攝於《極地謎情》海報拍攝日

一張舊照片，尋回了一個家族。2017 年，黃秋生在 Facebook 上載了一張父母抱著他的照片，事件被廣泛報導，有熱心人幫他尋親，他在 56 歲的時候找到了同父異母的姐姐和兩位哥哥。

一家人不是失散後團圓，而是兄姊一直不知道有這個同父異母弟弟存在。大家都是銀髮族了，對突如其來的家庭成員，只有無限歡喜。

一個一直對身分充滿懷疑的孩子，成長路上帶著憤怒，人生充滿抑鬱。曾以為自己兩面不是人，但其實一早把東西方文化融會貫通。自從找到了家人，終於有值得快樂的事。

黃秋生用了大半生去療癒童年，治療方法，是放下包袱，接受自己。生命的拼圖，從此完整。

01

這個「到底我是誰」的問題真是很多餘，我不就是一個混血兒！我同時擁有中西血統和中西文化，既喜歡喝中式湯，也愛吃牛扒。佛教所謂本來無一物，何處惹塵埃，我就是我，答案一直在這裏，尋甚麼根呢？

到底我是誰？

我是一個在華人社會裏成長的混血兒，小時候一直對自己的身分存疑，「到底我是誰？」這個問題一直藏在心底，童年很不快樂。

97 年患了甲狀腺病，暫停了手上的工作，去了倫敦生活。我跟法國戲劇大師 Philippe Gaulier 學戲，他是著名的小丑大師，他打破了我演戲的框架，令我眼界大開。當一個演員做得久了，會形成固定的演戲模式，但這不是唯一的處理方法。其實每個人心裏都有一個小丑，演戲就是要面對自己的小丑，不論悲劇或喜劇，都要存在快樂，表演就是要快樂。那刻才明白，為何當年做《叉燒包》會做得好，因為我想到用萬聖節的方式去嚇人，把憤怒變成了快樂。

當時英文不是太好，上課很少出聲，畢業時 Philippe 給我的評語很有趣。他說我沒有一個 exercise 做得到，但覺得我怪怪的，應該「有點事」！我都不知道他是讚我還是批評我，總之他對我日後演戲的影響很大。

　　他的課程每次為期兩個月，我讀了四個課程，逗留了一年。中途媽媽來探我，住了幾個星期。學習之餘，還順道體驗生活，了解一下自己是誰。

| 跟法國戲劇大師 Philippe Gaulier 學戲，得著一生受用。

ECOLE PHILIPPE GAULIER

媽媽到倫敦小住兼探望兒子，二人在秋生學校門前留影。

第一次去英國的感覺好像似曾相識，不論環境、聲音、氣味等出奇地適應，那一刻才發覺自己一直以來的生活習慣，原來已經很「老外」。很多人不喜歡英國天氣寒冷，但我覺得很舒服；我從來不喝熱水，只喝冰水，老外也是一樣；我腸胃很適應外國飲食，不會吃完薯泥之後，還要來碗米飯。

　　每天放學都是跟著同學吃 fish and chips，有時吃雞卷，喝啤酒，過著很貼地的生活。倫敦甚麼人都有，身處其中感到很自在，完全沒有文化差異。我住那區有些露宿者，其中有個常向人借打火機，我把打火機借給他，他反而請我抽煙。倫敦冬天天氣寒冷，露宿者常躲到自助洗衣店裏。有次拿衣服去洗又碰到他，跟他閒聊起來。他叫 Ricky，很斯文，很有禮貌，問他為何無家可歸，原來因為酗酒，家人把他趕了出來。之後再碰到我們都會打招呼問候幾句，感覺好像交了個朋友。後來我回香港拍戲，離開了一陣子，再回倫敦的時候已看不到 Ricky 了，我向附近的人打聽他的消息，原來他有天喝醉時過馬路，被車撞死了。雖然只是萍水相逢，也不禁唏噓。

　　每個人都有自己的故事，每逢認識新朋友，總會問人覺得我是甚麼人。有次我穿了一件有狼圖案的衣服，朋友打趣答「愛斯基摩」，我就知道他在開玩笑。這刻猛然覺醒，一個我很執著的身分問題，換個角度看，不過是一個玩笑。這個「到底我是誰」的問題真是很多餘，我不就是一個混血兒！我同時擁有中西血統和中西文化，既喜歡喝中式湯，也愛吃牛扒。佛教所謂本來無一物，何處惹塵埃，我就是我，答案一直在這裏，尋甚麼根呢？

當接受了，便釋懷。小時候很介意別人叫我「雜種仔」，後來對人類學認識多了，知道人類歷史裏有好多不同的血統，看似有黑人、白人、黃種人的分別，但其實沒有所謂的純種人。在中國，南方人與北方人的樣子已經不同，不能單靠你住的地方而籠統地界定你是甚麼人。叫人「雜種仔」，其實很無知。當然，我已經很久沒有因此生氣了。

　　有件事倒覺得十分匪夷所思。我每次去倫敦必定泡書店，當中最愛 Foyles[54]，每次必定逗留半天。後來跟哥哥相認後，得知我的祖母當年原來就是 Foyles 書店的經銷商——Agent for Foyles Library！世事哪有這樣巧合的事？她在倫敦有間小店，專賣兒童書籍和文具。哥哥給我看一張祖母的照片，是她站在書店門前留影，個子小小的，笑容甜美，樣子慈祥。原來她是猶太人，猶太人身分是由母系傳承的，所以爸爸也是猶太人，而我和兄姐就不是了。

　　世事好像冥冥中有主宰，我的祖先默默地牽引著我的路。後來我專程再到 Foyles 書店門前留影，擺了個與祖母差不多的姿勢，我把我的相片與祖母那張用電腦合成起來，竟然好像同一年代般，十分神奇。

　　整個英國之旅我有很大得著，見識過世界，對外國生活不再恐懼，對自己也了解多了，解開了很多心結。

---

54 Foyles 書店於 1903 年由 William 及 Gilbert Foyle 兄弟成立，旗艦店位於倫敦 Charing Cross Road。

| 倫敦 Foyles 門前，黃秋生與嬤嬤的平行時空。

02

爸爸離開我和媽媽之後曾在信中說過，假如我是一個 good boy 的話，他就會幫我搞定一切。我想爸爸一定覺得我已是一個 good boy，所以送兩個哥哥給我。

Teddy Bear 重回懷抱

自從 97 年在英國生活過一段日子之後，接受了自己是一個混血兒，不再執著過去。2018 年初接受英國 BBC 訪問，他們以報導香港主權移交二十周年為題，探討香港的混血族群在 97 年前的生活，我再次提起父母和一些童年往事。訪問發表後，香港有兩位外籍女士看到我的故事，見我之前在 Facebook 上載了一張爸爸媽媽抱著我的照片，以為我想尋找失散多年的爸爸，於是嘗試幫忙。她們很有心，也很熱心，我當時在想，已經過了半個世紀了，爸爸應該不在世上了，我從來沒想過要去找他或其他的親人，因此沒有把這件事放在心上。

不久之後往倫敦拍劇集《Strangers》，逗留了兩個月。我住在倫敦西面 Ealing Broadway，不用開工的日子便逛博物館、逛書店，自己買菜煮飯，或在附近吃意大利餐。

我對爸爸當年臨走時送給我那隻 teddy bear 一直十分牽掛，這次來到英國，在機緣巧合下，竟然讓我在網上一間專賣古董公仔的店舖找到！那隻 teddy bear 比我原本那隻細小，

但我一眼便認得是一模一樣，它保存得十分好，還會發聲，我想也不想便立刻買了下來。

我開心得不得了，那時外婆把它丟了，十分不捨，現在竟然失而復得，雖然只是我那隻的小型版本，但對這個結局已感到非常滿意。萬萬想不到，這原來是一個好兆頭，好事陸續接踵而來。

在找到 teddy bear 之後大概一星期，香港那邊傳來找到了關於爸爸及我其他親人的消息。那兩位熱心女士找到爸爸於 1966 年的澳洲入境證，還查到爸爸育有長女 Vera，及一對孿生兒子 John 及 David。據了解，爸爸的資料保存了三十年，剛剛一個月前才釋放出來讓人查閱，若然尋親這件事發生在一個月前，她們也無能為力。一如所料，爸爸在 1988 年過世了，但我兩個哥哥和家姐健在，現居澳洲。

│ 黃秋生在 Facebook 上載了這張照片，熱心人助他尋回了親人。

　　我感到不可思議，找到 teddy bear 後就有親人的消息，世上哪有這麼巧合的事？莫非一切皆是天意？我住的 Ealing Broadway 那裏有間很美的教堂，每天都經過，但一直未有時間進去看看，直至臨走前幾天。我獨自坐在教堂內，看著前邊聖壇，突然間有靈光一道，聖壇前還出現了一層霧，我有一種很奇怪的感覺，好像有很多愛包圍自己，令我很激動，我嚇得立刻衝出教堂。我不知道尋親成功是不是神蹟，但肯定是奇蹟。

　　兩位女士幫我聯繫上哥哥那邊，我連侄兒的電話也有了，就只差打過去。最後這一步，當然應該自己做。找到了親人很開心，但當要打電話聯絡的時候，心裏又有好大掙扎。我不知道他們會怎樣看我，想不想與我這個弟弟相認；我也有憂慮，我完全不清楚他們是甚麼背景，萬一不正經怎辦？心情非常忐忑，唯一比較有信心的，是我在香港是知名演員，不是詐騙，不是跟他們要錢，也不會令他們丟臉。

打電話聯絡侄兒那天，正是從倫敦回香港那天。一早起來，行李收拾好了，但一直心亂如麻，既擔心電話網絡收得不好，又怕自己聽不懂對方的澳洲口音，思前想後坐立不安，不知如何是好。拿起電話按了幾個鍵，還是放下，先弄杯咖啡定一定神；再拿起電話，依然擔心這樣擔心那樣，又把電話放下，去抽根煙再說……

我把電話拿起放下不知多少次，十足像拍戲那樣戲劇性！在我喝了十杯咖啡，抽了也不記得多少根煙之後，終於鼓起勇氣打電話給侄兒。幸好，一切順利。侄兒叫 Graham，非常友善，他告訴我兩位哥哥現在郵輪上度假，過兩天才回家。

本來打算飛去澳洲見他們，但仍有工作在身，要幾個月後才能成行。兩位哥哥知道找到我這個消息後，下船後立刻買機票，不久之後我們在香港見面了。

爸爸離開我和媽媽之後曾在信中說過，假如我是一個 good boy 的話，他就會幫我搞定一切。我想爸爸一定覺得我已是一個 good boy，所以送兩個哥哥給我。

03

大哥 John 真的很有大哥風範，辦事能力很強，應該遺傳自爸爸。聽說他們在 1955 年來香港時，途經新加坡，一直買不到來香港的船票，在新加坡住了一陣子。一天爸爸突然弄來了一家人的船票，叫他們立刻收拾行李上船。在哥哥口中，無論多困難的事，爸爸都可以神秘地解決。

奶茶加豉油

2018 年 3 月，我終於見到兩位哥哥了。大哥 John，二哥 David，比我年長 18 歲。接機時很緊張，到底他們長成甚麼樣子？從來沒有見過，但我可是一眼就把他們認出來。高高大大戴個眼鏡，頂著個大肚腩，根本就是爸爸的樣子。我們的第一句話是：「How are you? Welcome to Hong Kong!」他們給我一個擁抱，把我整個人抱起，那一刻感覺很開心，在他們面前原來我只是個小朋友！

我們雖然從來沒見過面，他們也一直不知道我的存在，但大家一點陌生的感覺也沒有。他們把很多舊照片帶來送給我，告訴我很多關於爸爸的事，我對爸爸認識多了，也對自己了解多了。有些東西原來是在 DNA 裏，我喜歡打拳，原來爸爸是軍隊裏的拳擊冠軍；我喜歡音樂，哥哥也是玩 band 的；我的高血壓原來也是家族遺傳，哥哥他們也有。

黃秋生與兩位素未謀面的哥哥終在 2018 在香港團聚，
兩旁為這次幫忙尋親的女士。

| 爸爸及兩位哥哥在深水灣遊艇會

　　我買了我的電影 DVD 送給他們，原來他們已在 YouTube 看過了。兩個哥哥小時候曾在香港生活過十幾年，對很多地方還有印象，我帶他們去了以前常到的地方，如深水灣，他們經常跟爸爸去那兒的遊艇會。他們住跑馬地，回去看看，舊房子都拆掉變成豪宅了。我帶他們吃日本料理，他們碟碟推開，只說 very interesting，原來他們不吃生的食物。意想不到的是他們竟然帶我去吃西餐，原來早兩年他們來過香港，很喜歡北角一間餐廳，堅持要帶我去試。他們還教我喝奶茶時加兩滴豉油，我以為他們開玩笑，原來是認真的，甜味和鹹味混合起來，變成一種有趣的味道，頗好喝的。他們反而知道這些老香港玩意。

　　他們雖然是孿生兄弟，但性格大不相同。大哥 John 真的很有大哥風範，很多事都由他安排，辦事能力很高，應該遺傳自爸爸。聽說他們在 1955 年來香港時，途經新加坡，一直買不到來香港的船票，在新加坡住了一陣子。一天爸爸突然弄來了一家人的船票，叫他們立刻收拾行李上船。在哥哥口中，無論多困難的事，爸爸都可以神秘地解決。二哥 David 性格則比較輕鬆隨意，為人開朗樂觀，經常跟著大哥。

兩個哥哥 17 歲時跟隨英國皇家空軍去了杜拜

大哥（左）年輕時曾經玩 Band

兩個哥哥 17 歲去了當兵，跟隨英國皇家空軍去了杜拜。兩人被派往不同的空軍基地，當時沒有甚麼事做，大哥在軍營中學會了打鼓，後來還組了自己的 band。二哥擅長唱歌，聲音像 Louis Armstrong。

他們在香港逗留了短短幾天，我們相處得很愉快。我想，假如他們年輕時知道我的存在，可能未必想與我相認，說不定還會遷怒媽媽和我。現在大家都年紀大了，他們很慶幸知道我的存在。他們很有心，還提出去探望媽媽。

媽媽當時已臥病在床，不能說話了。我告訴她找到了兩位哥哥，她看見他們反應很大，激動得滿面通紅，死命要坐起來，我連忙叫他們先出去，以免再刺激她。我不清楚媽媽到底知不知道我在說甚麼，還是看見 David 以為是爸爸，因為他跟爸爸長得很像。無論如何，都不重要了。我之後去了澳洲探望哥哥和家姐，就在我回來不久後，2018 年 10 月，媽媽過世了。可能她知道我找到了親人，日後有人照顧，安心了。

04

家姐的女兒跟我差不多年紀，她孫兒跟我兒子差不多年紀，加上兩個哥哥那邊，我大概多了二十幾名親人！一直以為自己是家中老大，原來是老四，從來沒有想過自己是來自一個大家族。

原來是老四

除了兩個哥哥之外，我還有個大家姐 Vera，比我年長二十一歲。我記得媽媽說過，家姐年輕時很反叛，15 歲曾經離家出走，把爸爸氣得半死。爸爸其實很疼愛家姐，家姐 19 歲結婚後去了澳洲定居，爸爸不久之後也去了澳洲，兩個哥哥當兵之後也去了澳洲生活。

可是不知甚麼原因，家姐和兩個哥哥鬧翻了，十多年來甚少聯絡。家姐聽聞我的事之後大為緊張，問甚麼時候可以見面，但大哥只叫她不要理會。家姐很想與我相認，於是自己找辦法。她孫兒知道後，上網搜尋 Anthony Wong，竟然找到了「神戲劇場」。他寫電郵給劇團，道明來意，Joyce 問我有沒有這樣的一件事，我說有，就這樣我跟家姐那邊聯絡上了。

| 與家姐 Vera 合照，姐弟笑容相似。

　　2018 年 8 月去了墨爾本，第一時間與家姐見面。親人這回事真的很神奇，雖然大家素未謀面，但感覺上很親近，好像有某種神奇力量連繫著。我跟家姐的表情很像，尤其是笑容十分相似。她年輕時應該和我一樣也是個搗蛋頑皮、反叛暴躁的人。她喜歡滑水，如果我跟她同齡，一定會是很合得來的玩伴。

　　家姐的女兒跟我差不多年紀，她孫兒跟我兒子差不多年紀，加上兩個哥哥那邊，我大概多了二十幾名親人！一直以為自己是家中老大，原來是老四，從沒有想過自己是來自一個大家族。

　　大哥帶我四處遊覽墨爾本，原來爸爸早年在市中心、近市政府一帶，買了間屋，那是一個很好的地區，房子都是很漂亮的英式建築，爸爸還有自己的船。聽說剛剛來到澳洲的時候爸爸是很有錢的，後來不知甚麼原因，可能是替太太醫病，可能花在其他地方，錢就慢慢花光了。

| 與大哥 **John** 在澳洲

　　都說人不風流枉少年，爸爸可是風流到老，七十多歲還跑去結婚，但一直沒有告訴家人，大哥在軍人俱樂部裏遇上爸爸才知道。大哥很愕然，生氣了一年沒有理睬爸爸。

　　這次去澳洲除了見家姐和哥哥之外，最想做的當然是祭拜爸爸。我心裏一直以為會去墓地，買束花，跪在地，豈料大哥只是帶我去家中後院，然後指指花槽。他也不太確定位置，只記得爸爸跟他太太的骨灰大概就是葬在那裏。我有點愕然，花槽的花全謝了，感覺不是太好。大嫂是一個很敏感的人，她看在眼裏，立刻跟我解釋，那時因為是冬天，花才凋謝了，到了春天的時候花會開得很美。

　　那天我們三兄弟在爸爸墳前喝啤酒，我們終於一家團聚了。我跪在那裏，心情很複雜，這些年有很多話想跟爸爸說，但那一刻又不知道應該說些甚麼。我想他已經知道，我是一個 good boy。

第二天我要走了，臨走前再去後院跟爸爸道別。大哥告訴我，家裏的一張玻璃桌原本好端端的，昨晚突然無故粉碎，弄得一地玻璃。我心裏一寒，大概猜到是甚麼事。家姐之前告訴我，當年她媽媽已懷疑爸爸有外遇，因為爸爸每次遛狗總是幾個小時才回家，但爸爸一直不認，因此拿他沒辦法。現在我來了，昨天還跪在他們墳前，豈不是證據確鑿！當然，這只是我的猜想。

　　現在跟家姐和兩個哥哥經常聯絡，他們做甚麼都告訴我。他們知我寫回憶錄，以為我病重，要留一些甚麼，笑死我！我不過是個有故事的人而已。

　　我的尋親故事還未完，那兩位幫我找到爸爸消息的女士後來傳來一張照片，我一看，還以為是誰的惡作劇，把我的童年舊照改成一個古裝女子模樣。原來那照片是千真萬確的，她們找到我五代前的祖先，大概是維多利亞時代，她是一名麵包師，有自己的麵包店。她不苟言笑，表情十足像我七、八歲時候的樣子。

　　自從找到了親人之後，生活多了很多趣味和快樂。感覺好像重生一般，很多情感被喚醒，以前的抑鬱沒有了，身上的包袱也放下了，終於發覺原來世上也有值得我開心的事。

五代前祖先經營麵包店，神情跟秋生童年十分相似。

黃秋生與太太吳惠貞於 1992 年結婚，育有兒子睿名和煜政。

婚姻生活也是充滿風浪，既是一家人，但又長期分開居住。
父親的角色沒有劇本可言，更沒有軌跡可尋，兒子成長歷程裏
永遠有著缺失。

風浪過後，黃秋生的家，是他的最強後盾。

01

鯊魚頭對風水鍋

「好在你跟我結婚，否則你昨晚死定啦！」
老婆說。

她知我性格，除夕夜這些日子通常會去蘭
桂坊飲酒夜生活，若然不是結婚，說不定
這夜真的在人群之中。

「是呀，多謝你救我一命！」我說。

我們就是這樣，不時你一句我一句，是對
鬥氣冤家。

　　我相信有些事是命中注定，我和老婆便是最佳例證。故
事要從三十多年前說起。那時還未入亞視訓練班，終日無所事
事，像個流氓般，只喜歡健身。有日在家中做運動，無意間見
到對面大廈有個窗口掛了一個鯊魚頭出來，我心想，可怒也！
一定是用來辟邪的風水擺設。我跟媽媽說，對面那家人用個鯊
魚頭對著我們，這樣不行，我們也要找些東西掛出去。媽媽找
來了一支煮菜的生鐵鍋掛了出去，以作擋煞，豈料不久之後刮
起 10 號風球，鯊魚頭和我們那支鍋一併被吹走，既然鯊魚頭
都沒有了，這事也就此作罷。

　　還記得對面那幢大廈叫金國大廈，近灣仔海旁，現已拆掉
重建了。就這樣過了兩年，我入了亞視，開始踏實了點。一天
晚飯後在看書，抬頭看見對面有個女孩子在洗碗，她梳個冬菇
頭，很可愛的樣子。我望著她，覺得她好像對著我笑，她突然

側一側頭，笑了一笑，我又跟著她側一側頭，又見到她在笑，我揮手跟她打招呼，她又跟我打招呼。這麼可愛的女孩子還是第一次見，我做了個打電話的手勢，她點點頭，我再用手勢告訴她我的電話號碼，不久之後家裏電話響起，她真的打了過來。我們交換了姓名，我告訴她我是電視藝員，叫她看電視，她看了一晚也看不到我，原來她不看亞視。

後來才知道，她是個大近視，當日根本看不清楚我的樣子，只見對面有個像許冠文的大叔，古靈精怪地打手勢，她打電話過來純粹出於好奇，想看看我到底是甚麼人。

講了幾次電話之後我約她跑步、吃早餐。她讀女校，很斯文漂亮，像個日本妹，不久之後我們便拍起拖來。一天我猛然記起，她洗碗那個地方，不就是兩年前放了個鯊魚頭？不

錯，原來她爸爸是魚類批發商，那次拿了個鯊魚頭回家沒地方放，就把它掛出窗外，是我誤會了它是風水物。

我們拍了幾年拖，有次去完紐約旅行回來，她媽媽說女孩子跟人去了旅行後，就應該結婚。我知道自己不適合婚姻生活，但既然人家已提出，結就結吧！我不是不愛她，只是不相信婚姻制度，兩個人在一起，為甚麼要社會認同？

儘管不相信婚姻制度，我還是盛裝打扮出席自己的婚宴，我那套禮服十足像印度王子一樣。那時正忙著拍戲，之後去了澳門一天，就當是度蜜月。那晚有個朋友不識時務，在酒店房賴死不走，我也不好，與他飲酒飲到天亮，老婆板著臉獨自去睡覺。第二天返香港，一下船就聽到一街的警車聲，好像打仗一樣。原來，前一夜剛踏入元旦，當晚發生了蘭桂坊人踩人慘劇 [55]。

「好在你跟我結婚，否則你昨晚死定啦！」老婆說。

她知我性格，除夕夜這些日子通常會去蘭桂坊飲酒夜生活，若然不是結婚，說不定這夜真的在人群之中。

「是呀，多謝你救我一命！」我說。

我們就是這樣，不時你一句我一句，是對鬥氣冤家。新婚燕爾，在石澳租了間屋，我們很喜歡那兒寧靜的環境，但我更喜歡樓下那間酒吧，那兒有很多藝術家，我經常去飲酒。我有叫她一起去，她不去，只叫我和朋友好好暢飲。第一晚，我飲到早上三時多才回家；第二晚又一樣；第三晚回家的時候，

---

[55] 蘭桂坊慘劇發生於 1993 年 1 月 1 日凌晨，當晚有大批群眾聚集在蘭桂坊參加新年慶祝活動，在跨年倒數後有人跌倒，引起人群踩踏，釀成 21 人死及 63 人受傷。

見到她已收拾好行李坐在門口，說要回娘家。我說你若然要走，至少等到天亮才走。第二天一早，她真的回娘家去了；我一個人住石澳也沒有意思，也回去跟媽媽住。

我們結婚三天就翻臉了，之後當然和好如初，也試過一起生活，不過很快又吵架。最後我搬了出去獨居，讓大家都有自己的空間。

不知不覺，三十年就這樣過去了。可能當年她的鯊魚頭和我那支風水鍋是個預言，多年來我們經常「颳大風」，同時又「颱風吹也分不開」。說到底，都是命中注定。

02

人生有很多軌道，包括事業、愛情、婚姻，越軌是藝術家的特權，藝術家就是需要這些打破框框和規限的刺激，才能成功。所以藝術家特別不守規矩，守規矩的那些，只會在街邊寫「恭喜發財」，不會成為藝術家……就當是黃秋生的歪理好了。

婚
姻
是
一
門
生
意

愛情跟婚姻，是兩件完全沒有關係的事。愛情可以從科學角度分析，是腎上腺素分泌出來的荷爾蒙，剛開始的時候一定很強烈，醜樣的人你會覺得很帥，講粗口你又覺得有型，所以說愛情是盲目的。但這些激情不能維持很久，之後的相處才是正式考驗。

婚姻對我來說是一門生意，需要好好地經營。聖經上說的「愛是恆久忍耐，又有恩慈；愛是不嫉妒；愛是不自誇，不張狂……凡事包容，凡事相信，凡事盼望，凡事忍耐」全部都正確，只是說時容易做時難。婚姻其實很難維繫，單是包容已是一門學問，當包容不了怎麼辦？難道離婚再找另一個？

很多人六十歲跑去離婚，然後再結婚，簡直是神經病！為何你們相處了幾十年後，忽然覺得身邊的人很厭惡？對方的

性格如何，其實第一天已經知道，難道幾十年後才發覺大家性格不合？兩個人一起經歷了這麼多，又有孩子，大家應該同舟共濟，不能隨便跳船。

　　老婆的性格比較固執倔強，我相信她的強勢是因為我經常不在身邊，她一個人帶著兩個小孩，家中大小事務都由她處理，不能不成為一個強勢的人。雖然我們的性格有很多不同之處，但我很欣賞她的聰明機智，我很喜歡腦筋轉得快的人，她恰好就是這類人。有一次我們出席親戚的婚宴，有些人很不想見，正想找個藉口溜走，我還未講出口，她已在我耳邊說：「不如走啦！」真是心靈相通。

　　這些年來很感激老婆和兒子，多謝他們一直容忍我的任性。我們不是一起住，因為我的工作關係，很需要集中精神，

假如在背劇本時，有人走來走去問：「喝不喝湯呀？」我的思維就斷了，要從頭來過，我會很煩躁。很多人以為做演員只要熟讀劇本，把台詞背出來就可以，當然不是這樣簡單，我需要揣摩和幻想角色，不是這行的人很難明白。

我需要獨處的空間，因此犧牲了與他們相處的時光。換個角度看，雖然錯過了與他們相處的時光，但他們生活無憂，老婆多年來不用工作，兒子又可以讀國際學校，加上媽媽和兩個工人，都是我負責生活費。

但無論如何，錯過了就是錯過了，是他們成就了今天的我。

若問我有沒有心花怒放的時候？當然有，尤其這一行，一定會遇到外貌吸引、性格相近的異性，但不代表每個都有交往，很多只朋友而已。曾經有段日子很抑鬱、很迷失，我有做錯事，但從來沒有欺騙過任何人。就借用《極地謎情》的一句對白：「因為寂寞，所以渴望親近另外一個人的寂寞，死路一條。」

或者這樣說吧，人生有很多軌道，包括事業、愛情、婚姻，越軌是藝術家的特權，藝術家就是需要這些打破框框和規限的刺激，才能成功。所以藝術家特別不守規矩，守規矩的那些，只會在街邊寫「恭喜發財」，不會成為藝術家……就當是黃秋生的歪理好了。

對著老婆當然有悔疚，如果她堅持離婚，我也沒有辦法，但很慶幸她沒有。可能因為責任，她選擇留下，包容我的過錯，讓我有一個完整的家。而我這一生做得最正確的事，就是沒有離婚。

以前老婆想我多些回家，經常吵架；後來她開始習以為常，我回不回去已沒有所謂的時候，我反而搬了回去。自從大坑的房子退租後，我搬回了家，結了婚三十年後，才算正式一起生活。

現在我們相敬如賓，我大哥教的，對著老婆永遠 say yes 就對了。沒事的時候我躲在後面，有事時才站出來，這就夠了。現在希望婚姻這門生意無風無浪，以後繼續好好地經營，我們安安定定地過日子。

03

在兒子心目中，我這個爸爸不是經常出現。以前在想，他們放學回家還不是自己做功課，我坐在那裏幹嘛？但在他們角度，可能就是想爸爸坐在那裏，甚麼都不做只是看電視也可以。但假如時光倒流，我真是坐在那裏看電視，又或者無時無刻對他們噓寒問暖，說不定又會嫌我煩……

背影父親

　　我演過這麼多戲，「父親」這個角色最難演。沒有劇本，沒有人教我應該怎樣做，看著他們成長，自己也在成長。

　　在兒子心目中，我這個爸爸不是經常出現。我有跟他們踢球，教他們游泳，過年過節、生日等一定出現，但平時相處的時間始終不夠多。以前在想，他們放學回家還不是自己做功課，我坐在那裏幹嘛？但在他們角度，可能就是想爸爸坐在那裏，甚麼都不做只是看電視也可以。但假如時光倒流，我真是坐在那裏看電視，又或者無時無刻對他們噓寒問暖，說不定又會嫌我煩……真的不知道。

　　大仔乳名——，英文名 Omar，因為我很喜歡奧馬沙里夫 [56]。他自小聰明乖巧，從來不用我們擔心功課。他曾與我

---

56 Omar Sharif（1932 年 4 月 10 日—2015 年 7 月 10 日），著名埃及演員，
　　代表作有《阿拉伯的勞倫斯》（1962）、《齊瓦哥醫生》（1965）等。

一起拍戲，2010 年拍《報應》，飾演我兒子的臨時演員遲到，我問導演臨時演員的年紀和長相，15 歲左右的中學生，斯斯文文戴個眼鏡，跟我大仔差不多，不然找他來演，豈不更加像我兒子！於是立刻打給阿一。

「幫老爸個忙，現在欠個演員做我兒子，你來頂一下行不行？只要坐著吃飯，給我罵兩句，跟平常在家一樣啦！」我跟阿一說。

「讓我先想想……有片酬嗎？」

「有幾千塊啊！」

「哦……那我立刻來。」

他客串了兩晚，沒有他戲分時見他靜靜地在一旁觀看，看見工作人員搬搬抬抬，若有所思模樣，之後跟我說：「我想我不會做這行，好辛苦，好無聊。」

他說得沒錯，這行真是辛苦得不得了。我很高興他有自己的想法，不打算入行最好，最怕他被人評頭論足，甚麼星二代、甚麼學霸，這些形容詞令我起雞皮疙瘩！他平平實實地過自己喜歡的人生就好了。

我是一個背影父親，平時不常見到我，但有事發生的時候，我一定在。大仔 23 歲時在美國發生嚴重車禍，他朋友開車失控撞樹，幸好沒有掉進湖，否則死定。他傷及第一節頸椎，隨時半身不遂。我叫老婆立刻過去，我隨後再來。平時遇著小事我會好緊張，這等大事反而很冷靜，可能像英國佬，飛機轟炸？先坐下喝杯茶再想辦法。

去到時見到他帶著頸箍，全身被包紮到動彈不得，情況令人擔憂。幸好他進展良好，醫生都說是奇蹟。沒料到拆頸箍那天，他突然感到一陣類似電擊的刺痛，原來頸骨壓住了

神經，他根本還未康復！醫生看錯了另一個病人的 X 光片，誤以為他已經康復。我們向醫院投訴，也許錯有錯著，原本過百萬的醫療費全數由醫院承擔，兒子戴回頸箍，慢慢才康復過來。

老是覺得上天讓他死裏逃生，一定有些使命要他去做，但暫時又看不出。無論如何，作為父親只要兒子平安健康，已於願足矣。

| 媽媽、老婆與大仔——

二子英文名 Ulysses，一個古希臘文學裏的英雄人物，當時在看關於特洛伊戰爭的書，很喜歡這個名字。他也是一個很乖巧的小朋友，和我一樣，小時候有過度活躍，起初讀書成績不好，後來轉了國際學校，才好起來。老婆花了很多心思教導他，鼓勵他多跟人溝通，我則帶他去師兄周強那裏學大聖劈掛，他非常喜歡功夫，越學越好。他愛打遊戲，愛買球鞋，跟一般年輕人無異。有天他主動跟我老婆說：「媽咪，我明白啦，我會努力讀書，要做一個有用、成功的人，不會亂花時間拍拖，不會亂花錢。」有這樣生性的兒子，夫復何求？

我這個人很老套，覺得人生在世的責任，就是傳宗接代，過程當中有沒有事業、朋友、是否發達等全不重要，上天沒有叫你一定要回饋社會；但上天給人類的責任，就是延續生命，然後死。媽媽在生時對孫兒好像很冷淡，我問她為何不太理他們，她答得很妙：「愛是向下流的，我愛你，你愛你的兒子，你的兒子關我什麼事？」

　　媽媽說得不錯，愛是向下流，她一生只愛我一個；愛我的兒子，是我的責任。我不會寄望有朝一日兒孫滿堂，只希望他們能夠自己照顧自己，開開心心地生活，那我的責任也就完成了。

| 儘管「愛向下流」，這位嫲嫲其實十分疼愛孫兒。

結語

　　我的一生是由多個偶然湊合而成，充滿戲劇性。不知不覺人生已過了大半，回望過去，甜酸苦辣甚麼味道都有，但感覺上甜味最少。

　　人總敵不過時間流逝，歲月無聲無息地偷走青春，像每天在你碗裏偷走一粒米，當你發覺的時候，已不再是一碗飯，而是一堆零碎的米。回頭已是百年身，原來我已經老了。照照鏡，臉上爬滿皺紋，但我喜歡這種皺紋，就像一本寫滿文字的書，很有意思。

　　以前很恐懼死亡，因為年輕，仍有生命力；當年紀漸大，已不再害怕了。有一次坐飛機遭雷電擊中，以為死定了，全機乘客大呼小叫，我只把身子坐直，戴上帽子穿好鞋子，就算死，都要死得有尊嚴。即使世界末日，我會拿著酒杯，端張椅子坐在那兒等待末日來臨，不會讓你看到我在顫抖。做人，有型最重要。

人的一生，可能只是天上的神在玩遊戲機，見你他媽的無趣，便快快將你熄燈；你是壞人嗎？反而找個英雄跟你對打。所以做人千萬別太沒趣，否則好快死。

　　做人也不要覺得自己了不起，我的獎項有二十多三十個，又如何？一切不過是鏡中花水中月，全部放在地下，可以下國際象棋。

　　近年明白了一個道理──「越加越輕，越放越重」，越是把無謂的東西加在自己身上，只會越輕佻；越是能放開懷抱，便越穩重。我知道自己的價值在哪裏，不需要別人品評，也不用自己宣之於口。

　　前陣子坐計程車，計程車司機把我看了半天，只道：「你是演戲的那個嘛，我好喜歡你呀！」

他一直叫不出我名字，我跟他開玩笑：「我叫劉青雲？張家輝？」

「不是不是，你肯定不是劉青雲張家輝，但我不記得你叫什麼名字。」

「都好，我多謝你還知道我不是劉青雲張家輝。」我笑道。

有些處境，也真是老了才有智慧面對。現在懂得用幽默的眼光去看事情，即使當年捱了很多苦，回望都是有趣的故事。

假以時日，大家會把黃秋生這個人忘記。黃秋生也有可能變成一個曾經在香港演藝界出現過的傳說，畢竟關於我的古怪傳聞也實在太多。再套用《極地謎情》的對白，「傳說的美麗是在於它隱藏的秘密，而不是它供奉的真相。」

我沒有甚麼秘密，我只是宇宙光譜中的一粒微塵，跟大家一樣。

簡介及後記

訪問・撰文 ─ **林蕾**

簡介

澳洲西澳大學榮譽學士，
香港中文大學文學碩士，
傳媒人，寫作人。

著作有《三角演義・草蜢從屋邨跳到紅館的香港故事》、
《羅賓看・進入泰迪羅賓的影音世界》等。

攝影 — 呂陶然
BENNY LUEY

簡介

熱愛拍攝，擁有超過 20 年專業拍攝經驗，包括賽車、舞台劇、慈善活動及商業活動。由 2004 年起投入舞台劇拍攝，曾與多個劇團合作。自 2014 年起與「神戲劇場」多次合作，參與拍攝「神戲劇場」演出之所有劇目。

除舞台劇外，現任大型國際賽車主辦單位的官方攝影師，在世界各地的賽車場為大會及車隊拍攝國際大賽。

後記

　　大家好，我是 Benny，是秋生在書內所提及，從山上帶下山的小朋友。我們在筲箕灣主誕堂認識，他從小看我長大。很多人稱呼他為「大師兄」，而我從小到大稱呼他「TONY」，因為兒時跟他初相識，他是這樣介紹自己的。

　　長大後我有幸得到 Tony 的提攜，亦慶幸可以運用自己專長，為他拍攝多個舞台劇及見證他的成就。好榮幸這次出版能參與其中。好的記憶，我們應該珍惜。所以希望大家能透過自傳更加了解及認識秋生。

策劃 — 張珮華

JOYCE CHEUNG

簡介

香港演藝學院戲劇學院第五屆表演系深造文憑畢業生、導演系藝術學士（一級榮譽）；香港中文大學比較及公眾史文學碩士。先後活躍於電影、劇場及出版界，從事台前幕後、製作／發行／宣傳、監製、書籍編輯及文字創作等工作超過三十年。2001 年開始文字創作及書籍編輯工作，曾為《電影雙周刊》及 AM730 專欄「神戲活現」撰文。策劃出版有《三角演義・草蜢從屋村跳到紅館的香港故事》、《羅賓看・泰迪羅賓半自傳》、《一號排練室》及《神戲序幕・EQUUS 製作札記》等；編製《香港話劇團 35 周年戲劇研討會「戲劇創作與本土文化」討論實錄及論文集》，以及為香港電影導演會出版《香港電影導演大全 1979-2013》擔任執行編輯及統籌。

前香港電影金像獎協會執行總幹事（1993-2000 年），前香港演藝學院校友會主席及香港藝術發展局戲劇藝術顧問。

2013 年聯合創辦「神戲劇場」，擔任行政總監。除監製劇團演出外，亦開辦劇場監製班，致力培訓藝術行政新人。

🌐 joycecheung.net f producerjoyce

　　認識大師兄是在《東方三俠》片場，當時我剛演藝畢業，他剛開始拍電影。片場中，個個都忙，只我們兩個常有空，聊天投契成為好友。

　　這個師兄與別不同，當其他師兄師姐都因事忙而缺席老師歡送會時，這位師兄卻總會出席留足全場。母校有事，需要帥兄帥姐參與支持，這位師兄由始至終出心出力，抽時間出席會議商討事情不在話下，更主動提出想法帶領方向。此事後，大夥兒懇求大師兄領導演藝校友會，他義不容辭，任主席的幾年，是校友會上下最團結、舉辦得最多活動的年頭。在任期間，更經歷過業內公職選舉，見到大師兄如何不會因選票而說違心話，更在知道必輸的情況下盡顯體育精神。

　　在一次例會會後，大師兄問我未來幾個月忙不忙？就此，加入了 2012 年《極地情聖》監製團隊。翌年，大師兄想開團，我想也不想就答應了。和這樣的一個重情義、坦率、誠實、分析力強、明辨是非、在做公職亦會全情投入的人合作，是沒有理由拒絕的。

　　大師兄的故事非比尋常。輸在起跑線，身邊盡是「墮落」的條件……

　　很高興見到這本回憶錄的面世，讓大師兄的故事可以感染到更多人！

張珮華

2023.6.12

《秋生回憶》工作人員

口述	黃秋生
訪問及撰文	林蕾
策劃	張珮華
攝影 *	呂陶然
協力	鄭偉雯、Jenny Ng
鳴謝	高先電影公司
	香港電影金像獎協會
	Chris Chan
	Frank Chan
	Lawrence Ng

* 全書舊照片重拍及「神戲劇場」所有劇照拍攝

主編的話

出版一個人的「自傳」，要感動人，引起別人共鳴已不容易，更何況是談論／爭議性高的人物，有時外在的爭議會模糊了他最打動人的地方。

作為出版人／主編，時常會好貪心地希望，書裏的內容能否帶來更多重更深刻的價值：有沒有讀者可以被激勵了，被安慰了，或者引起一個人對生活生命更多的思考。

《秋生回憶》讓大家看到的黃秋生，被大眾及業內肯定的演技，藝術成就的背後，從來不是一帆風順。他沒掩飾遇到困難險阻時內心最真實的感受，憤怒、失意與無奈；面對足以放棄的打擊，他是怎樣走過來，如何走下去。

他曾說：「我一生有很多臨界點，也有很多頓悟。」

其中一段很深刻。十八歲的他，跟朋友去偷牛仔褲，雖然逃脫了，心裏一直很不舒服。為記著這教訓，他剃光頭，照鏡問自己到底像不像一個罪犯？像不像一個在監獄裏過下半世的人？如果不像，就該想辦法改變生命。

選擇，可以在沒有柳暗花明或分岔路在前方的時候。覺得山窮水盡，甚麼都沒有了嗎？如果，選擇本身已是一個選項，你是可以給自己創造「選擇」的人。至少，你可以選擇怎樣看「自己」。

或許我們沒有秋生戲如人生的經歷，但每個人總有自己的臨界點。臨界了，想辦法改變，那個「想」，就是一個選擇。

「你就是你自己選擇成為的那個人」與「真誠地活著」是看完全書，最想與大家分享的。

亮光文化
林慶儀

國家圖書館出版品預行編目（CIP）資料

秋生回憶 = Reminiscences of Anthony Perry Wong Chau Sang / 黃秋生口述；林蕾撰文.
-- 初版. -- [台北市]：香港商亮光文化有限公司台灣分公司, 2023.09
面； 公分
ISBN 978-626-96934-9-8 (平裝)

782.887   112012827

秋生回憶 | 台版 |

口述	黃秋生
訪問及撰文	林蕾
出版	香港商亮光文化有限公司 台灣分公司
	Enlighten & Fish Ltd (HK) Taiwan Branch
主編	林慶儀

設計/製作	亮光文創有限公司
地址	台北市大安區敦化南路一段170號2樓
電話	（886）85228773
傳真	（886）85228771
電郵	info@enlightenfish.com.tw
網址	signer.com.hk
Facebook	www.facebook.com/TWenlightenfish

出版日期	二〇二三年九月初版

ISBN	978-626-96934-9-8
定價	NTD$580 / HKD$150

全書文字內容及情節版權由黃秋生獨家永久擁有，
經神戲劇場有限公司授權出版。

此版本於台灣印製 Printed in Taiwan